Fallschirmsport

3. Auflage 1976

Dieses Buch verdankt sein Entstehen den Anregungen und der Mitarbeit vieler Fallschirmsportler. Stellvertretend für sie alle sei an dieser Stelle Herrn Dr. Hanshelmut Thiele gedankt. – Uwe Beckmann
Bildquellen: Ray Cottingham, USA (Umschlag), Erich Baumann, Uwe Beckmann, Joachim Biskup, Carl Boenish, Peter Böttgenbach, CanPara, Axel Carp, Ray Cottingham, Helmut Ende, Heinz Girnth, Ralph Görtler, CIC Grenoble, Bernie Keenan, Jürgen Körschgen, Chip Maury, Rolf Schauss, Gérard Sittler, Tom Verschoor †, Rüdiger Wenzel

Uwe Beckmann

in Wort und Bild

Verlag
S. Toeche-Mittler, Darmstadt

Inhalt

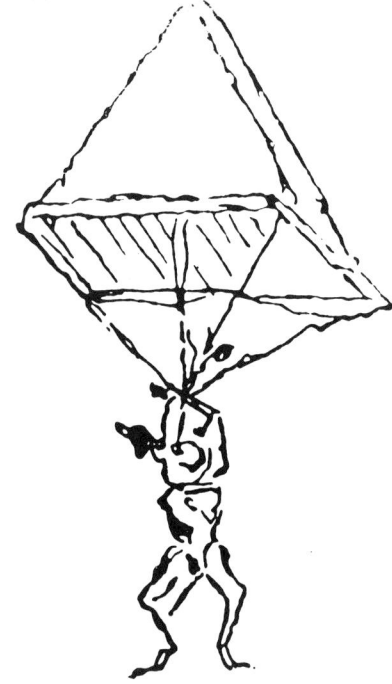

Leonardo da Vincis Fallschirm-Idee aus dem Jahre 1495: eine Zelt-Pyramide mit Seitenflächen von je etwa 9 m². Der Springer hält sich an vier Tragschnüren, die an den Ecken befestigt sind, eine fünfte geht bis zur Pyramidenspitze.

1617 baute Fauste Veranzio aus vier zum Quadrat zusammengefügt und mit Stoff bespannten Leisten einen Fallschirm und sprang mit ihm von einem Glockenturm Venedigs. Veranzio verwendete bereits eine Art Gurtzeug.

1. Die Geschichte des Fallschirms

Lange bevor es dem Menschen gelang, seine Sehnsucht nach der Höhe zu stillen und die Lüfte zu bezwingen, beginnt die Geschichte des Fallschirms. Der chinesische Kaiser SHUN (2258—2208 v. Chr.) soll der erste gewesen sein, der einen erfolgreichen Fallschirmabsprung von einem Turm durchführte. Der historische Wert wird aber angezweifelt.

Als eigentlicher Erfinder des Fallschirms gilt deshalb übereinstimmend der geniale Techniker und Maler LEONARDO DA VINCI. In dem Werk „Saggio delle opere di Leonardo da Vinci" befindet sich die Abbildung und Beschreibung seines Fallschirms. Die Erfindung stammt aus dem Jahre 1495. Er schrieb: „Wenn sich ein Mensch mit einer Kuppel aus Stoff ausrüstet, die auf einen Rahmen gespannt ist, von dem jede Seite 12 Ellen Länge hätte und die ebenfalls 12 Ellen Höhe hätte, könnte er ohne Gefahr von jeder Höhe herunterspringen." Aber er selbst sprang nicht, und es traute sich wohl auch sonst niemand, denn es vergeht über ein Jahrhundert ehe wir auf das nächste Fallschirmprojekt stoßen, das aber dann auch zugleich von dem Erfinder auf seine Verwendbarkeit hin erprobt wird und diese Probe voll besteht. Fauste VERANZIO, ungarischer Abstammung, war in Venedig geboren und verbrachte auch den größten Teil seines Lebens dort. Im Jahre 1617 veröffentlichte er eine Arbeit, in der sich sowohl eine Abbildung seines fliegenden Menschen („Homo volans") als auch eine Beschreibung des Fallschirms befindet. Veranzio stellte damals schon fest, daß der Fallschirm erst nach einer gewissen Fallzeit soviel Luft unter sich verdichtet, daß der Mensch mit einer gefahrlosen Geschwindigkeit zum Erdboden gelangt und daß mit zunehmendem Gewicht des fallenden Körpers sich auch die tragende Fläche des Fallschirms im Verhältnis ver-

größern müsse. Aufgrund seiner Schilderungen wird angenommen, daß er 1617 von einem Glockenturm in Venedig mit seinem Fallschirm abgesprungen ist. Obwohl dieser Sprung glücklich verlief, verging wieder über ein Jahrhundert bis die Idee des Fallschirms von den Franzosen Joseph MONTGOLFIER (der später den Heißluftballon erfand) und Sébastian LÉNORMAND wieder aufgegriffen wurde.

Montgolfier stürzte sich 1777 vom Dach seines Hauses in Annonay — gestützt auf seine Berechnungen über den Widerstand der Luft und durch kleinere Vorversuche von der Richtigkeit seines Vorhabens überzeugt. Das Experiment glückte. Allerdings waren seine Frau und seine Eltern darüber so entsetzt, daß er schwören mußte, es nicht zu wiederholen. Nach zwei Jahren nahm er die Versuche wieder auf — diesmal jedoch mit Tieren, z. B. mit einem Hammel, den er vom Turm des Papstpalastes in Avignon (35 m hoch) mehrfach erfolgreich „absetzte".

Im Jahre 1783 experimentierte der Physiker Sébastian Lénormand in Montpellier mit Fallschirmen. Zunächst nahm auch er Tiere für seine Versuche, dann entwickelte er einen leichteren und größeren Fallschirm von dem uns eine genaue Beschreibung erhalten ist. Ein 2 m hoher Leinwandkegel mit 4,5 m Durchmesser bildete die Kappe. Um den Stoff luftdicht zu machen, beklebte Lénormand ihn von innen mit Gummi. 32 Schnüre hielten einen Rahmen aus Weidenholz, in dem der Erfinder dann selbst beim Absprung vom Observatorium in Montpellier saß.

Mit der Erfindung des Heißluftballons trat die Entwicklung des Fallschirms in ein neues Stadium. Nicht mehr Häuser, Bäume oder Türme dienten als Absprungmöglichkeit, sondern Ballone in weitaus größeren Höhen.

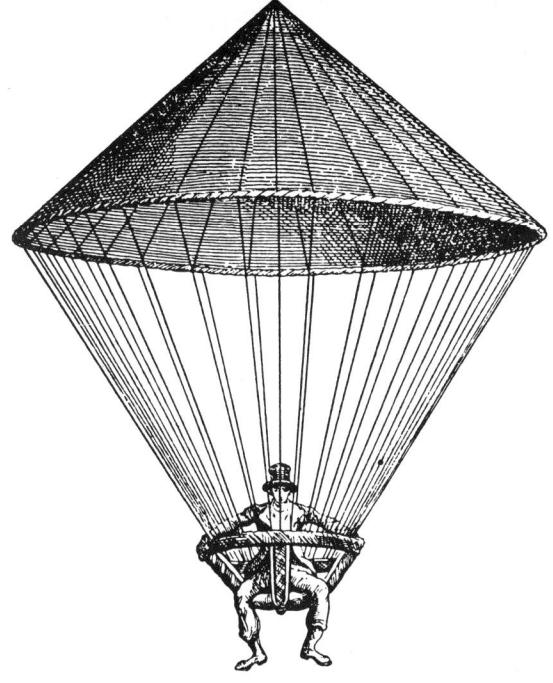

Sébastian Lénormand benutzte ein „Gurtzeug" aus Weidenholz. Er hatte seine Fallschirmkappe — einen Leinwandkegel — von innen mit Gummi beklebt, um sie luftundurchlässig zu machen.

Der erste Fallschirmsprung der Geschichte. André Jaques Garnérin in seiner Gondel über Paris am 22. 10. 1797. Im Hintergrund der gekappte Trägerballon.

Der Franzose Jean Pierre BLANCHARD beginnt die Reihe dieser Männer. Er verband seinen Gasballon mit einem 7 m im Durchmesser betragenden Fallschirm, der ihn im Notfall gefahrlos zur Erde bringen sollte. Der Schirm hatte in der Mitte einen Stiel, der bis in die Gondel reichte. Um seine Aufstiege attraktiver zu machen, ließ er zunächst Tiere an kleineren Fallschirmen hinunter, so z. B. auch am 3. Oktober 1785 in Frankfurt einen Hund. Kurze Zeit später, am 21. November des gleichen Jahres, erwies sich sein Fallschirm als wirkliches Rettungsmittel. Offenbar war in seinem Ballon ein Überdruck entstanden, er zerstach die Hülle und rettete sich mit seinem Fallschirm. Die erste Fallschirm-Rettung aus Luftnot!

Eine bedeutende, wenn nicht sogar die bedeutendste Rolle in der Geschichte des Fallschirms, spielten die Gebrüder GARNERIN. Insbesondere der jüngere André Jacques. Er verwandte viel Kraft und Geschicklichkeit an die Konstruktion eines Fallschirms, mit dem er einen Absprung vom Ballon aus 1000 m Höhe auszuführen gedachte. Nach der mißglückten Probe im Juni (Riß der Ballonhülle am Boden), einer Anklage wegen Betruges und fieberhafter Tätigkeit wegen der nahenden Gerichtsverhandlung, stieg er endlich am historischen 22. Oktober 1797 um 17.28 Uhr nachmittags im Park von Monceau (Paris) auf. Sein Fallschirm hatte keine starre Basis, die die Entfaltung vor dem Gebrauch sicherte, wie es für Sprünge von Häusern, Türmen usw. notwendig ist, sondern die Kappe hing schlaff unter einem Ballon. In 700 m Höhe kappte Garnerin die Verbin-

Absprung Leroux' über Berlin. In dieser Art wurden längere Zeit Fallschirmsprünge vom Ballon aus durchgeführt. Die Kappe war mit einem Karabinerhaken am Netzwerk befestigt, er wurde beim Absprung aufgezogen.

Ankündigung eines Käthchen Paulus Sprunges in Frankfurt. Plakat aus dem Historischen Museum, Frankfurt.

Absprung eines Beobachters mit einem Paulus-Fallschirm von einem Ballon. Die Kappe ist zusammengerollt und verpackt an der Gondel befestigt.

dung zum Ballon (der unmittelbar darauf zerplatzte, da er zu sehr gefüllt war) und fiel in rasender Geschwindigkeit zur Erde. Die zahlreichen Zuschauer stießen bereits gellende Schreckensrufe aus, aber die Kappe entfaltete sich und die Geschwindigkeit nahm zusehends ab. Da in der Mitte der Kappe (Scheitel) noch keine Öffnung war, suchte sich die verdichtete Luft am Rande einen Ausweg. So pendelte Garnerin in seiner Gondel luftig hin und her, landete jedoch heil auf der Erde und wurde im Triumph in die Stadt gebracht. Der erste Fallschirmabsprung in der Geschichte war vollbracht. Heute kündet davon noch ein verrostetes Schild „Alleé Garnerin" in Paris.

Auf Anregung des Astronomen LALANDE brachte Garnerin fünf Jahre später eine Scheitelöffnung am Fallschirm an. Die gefährlichen Pendelungen, die manchmal fast 90° be-

trugen, hörten auf. Jacques Bruder, Jean Baptiste Olivier, reduzierte das Gewicht des Fallschirms von 120 auf 12 kg und brachte es dabei sogar fertig, den Durchmesser von 9 auf 12 m zu vergrößern.

Der Bann war gebrochen, Fallschirmspringen zur Befriedigung der menschlichen Schaulust und Sensationsgier (ein starker Hauch davon haftet ihm heute noch an) verbreitete sich über Europa. Man führte Schausprünge auf Volksfesten durch, aber schon damals — wie heute — war es nötig das Programm immer mehr auf die Spitze zu treiben, um die Leute ununterbrochen in Atem zu halten. Stets neue kalte Schauer jagte man ihnen den Rücken hinunter, durch Sprünge ins Wasser oder vom brennenden Ballon. Trapezkünstler führten während des Sinkens Akrobatstücke auf einer Stange durch, die anstelle eines Gurtzeuges da war. Jetzt fingen auch die ersten Frauen an zu springen. Die Nichte Garnerins, die schöne Elisa, sprang an die vierzigmal unter den originellsten Bedingungen und aus den verschiedensten Höhen.

Nach den sehr vielversprechenden Anfängen erscheint uns das 19. Jahrhundert ziemlich unheilvoll in der Geschichte des Fallschirms, und zwar auf Grund von tragischen Versuchen mit Geräten verschiedenster Art, die wohl recht originell waren, aber auf keiner wissenschaftlichen Basis erfunden wurden.

So konstruierte z. B. 1837 der Engländer COCKING – der Garnerin gesehen hatte – einen Schirm, der wie ein vom Sturm umgeklappter Regenschirm aussah, der Scheitel war also unten. Er glaubte damit eine wesentliche Verbesserung zu erreichen und schlug alle wohlgemeinten Warnungen in den Wind. Am 27. Juli 1837 sprang er aus 2000 m Höhe, und dieser Schirm tat etwas für uns heute Selbstverständliches – er schloß sich durch den Luftdruck völlig. Cocking stürzte zu Tode.

Weitere tödliche Unfälle schockierten die Zuschauer. Aber die Entwicklung des Fallschirms ging weiter.

Als bedeutendste Frau in der Geschichte des Fallschirms kann wohl die Deutsche Käthe PAULUS, die um 1890 ihren ersten Fallschirmabsprung machte, gelten. Sie war die erste, die auf die umwälzende Idee kam, den Schirm zusammenzupacken. Sie faltete die Bahnen sorgfältig, zog sie in eine schlauchartige Packhülle ein und rollte das ganze zusammen, diese Rolle wurde durch einen Gummiring gehalten. Die Fangleinen legte sie bündelweise und durch Papier-Zwischenlagen vor dem Verwirren geschützt, in Schlaufen ein. Beim Absprung wurden zunächst die Fangleinen herausgezogen und dann die Kappe. Käthchen Paulus beherrschte

schon um die Jahrhundertwende die Technik des Doppelabsprunges: Sie sprang aus ca. 1200 m von einem Ballon ab, öffnete den ersten Schirm, warf ihn wieder ab und öffnete kurz darauf den zweiten Schirm. Ein Leckerbissen für die Zuschauer.

Noch zu ihrer aktiven Zeit, am 1. März sprang der Amerikaner Albert BERRY als erster Mensch aus einem Flugzeug, einem Doppeldecker, ab. Der Fallschirm befand sich in einem Metallkasten auf der unteren Tragfläche. Im August 1913 machte es der Franzose PEJOUD besonders originell. Genau wie Berry hatte er große Schwierigkeiten, einen Piloten zu finden. So flog er selbst, öffnete den Schirm im Flugzeug und ließ sich von ihm herausziehen. Das Flugzeug stürzte anschließend ab. Diese etwas unwirtschaftliche Art des Absprunges wird noch öfter praktiziert.

Dem deutschen Konstrukteur HEINECKE gelang es, ein letztes Hauptproblem zu lösen. Bei Rettungsabsprüngen aus Flugzeugen war die Gefahr sehr groß, daß sich die Kappe am Flugzeug verfing, da der Fallschirm direkt am Flugzeug befestigt war und sofort nach dem Verlassen der Kabine zum Notsprung aufging. Es kam also darauf an, eine Konstruktion zu finden, die es ermöglichte, mit dem verpackten Fallschirm zunächst das Luftfahrzeug zu verlassen und die Öffnung des Schirms erst dann zu verursachen, wenn dieser sich außerhalb des Flugzeugbereichs befand. Heinecke glückte es auf überraschend einfache Weise. Seine Verpackung wurde nicht am Flugzeug, sondern am Körper des Piloten befestigt. Eine einfache Leine – heute Aufziehleine genannt – zog nach genügend langem Fall den Fallschirm aus der Verpackung und er konnte sich dann gefahrlos öffnen. Da im Gegensatz zu den Rettungsabsprüngen aus Fesselballonen bei einem Absprung aus einem Flugzeug bereits eine relativ große Geschwindigkeit vorhanden ist,

In den 20er Jahren waren Absprünge von der unteren Tragfläche eines Doppeldeckers große Mode. Der Springer zog selbst, ein Hilfsschirm zog die Kappe heraus und diese zog den Springer vom Flugzeug.

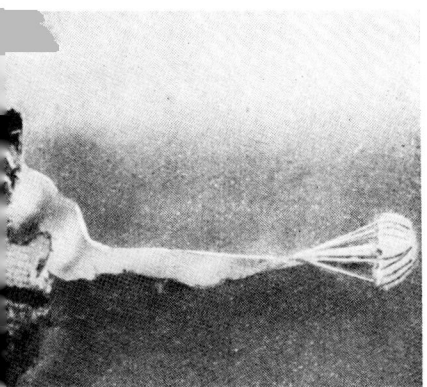

Gleich kommt der Springer!

Manueller Absprung 1922

Der Pionier des deutschen Fallschirmsports, Richard Kohnke, nach einem Sprung in Danzig 1922.

konstruierte Heinecke auch ein spezielles Gurtzeug, das jedes Einschnüren in den Körper ausschloß. Das Prinzip des Heinecke Fallschirms wird heute noch angewendet.

Im Jahre 1919 setzte der Amerikaner Leslie L. IRVIN einen weiteren, bedeutenden Meilenstein in der Fallschirmgeschichte. Am 28. April 1919 sprang er in McCook Field, Ohio, aus etwa 500 m Höhe aus einem De Havilland Doppeldecker und ließ sich frei durch die Luft fallen, ohne noch mit dem Flugzeug verbunden zu sein. Erst kurz darauf öffnete er selbst seinen Fallschirm. Der erste Freifallsprung in der Geschichte war absolviert, ein ungeheures Wagnis, das wir heute kaum noch richtig einschätzen können und zu dem ein enormer Mut nötig war. Man war damals allgemein der Ansicht, ein Mensch im Freien Fall müsse unweigerlich das Bewußtsein verlieren. Irvin bewies das Gegenteil. Der Siegeszug des Fallschirms als Rettungsgerät begann damit. Charles LINDBERGH verdankte ihm viermal sein Leben.

Richard KOHNKE, der Vater des deutschen Fallschirmsports, sprang 1930 aus 7800 m Höhe ab und absolvierte einen Freifall von 142 Sekunden Dauer. Er stellte schon damals fest, daß die Fallrichtung durch das Einnehmen verschiedener Körperhaltungen beeinflußt werden kann.

Der Sportgedanke kam auf. Die ersten Fallschirmsportspringer wetteiferten bereits in den zwanziger Jahren um eine möglichst gute Ziellandung. Durch den 2. Weltkrieg unterbrochen ging diese Entwicklung Ende der vierziger Jahre beschleunigt weiter. Überall in Europa und Amerika bildeten sich die ersten Fallschirmclubs. Man stellte die ersten Regeln auf und veranstaltete Wettbewerbe. Der Fallschirmsport war geboren!

2. Die heutigen Fallschirme

Der Rundkappenfallschirm

Die Grundfläche der allerersten Fallschirme war quadratisch, wohl vor allem deshalb, weil sie eine starre Basis hatten und die läßt sich quadratisch einfach herstellen, indem man vier Latten an den Eckpunkten verbindet.

Bereits Garnerin verzichtete auf diese starre Basis — und verwendete schon einen Rundkappenfallschirm. Bei diesem wird durch die Fangleinen, die von dem Gurtzeug über die Kappe hinweg wieder zum Gurtzeug zurück geführt werden, ein elastisches „Gerippe" gebildet und ein statisch einwandfreier Aufbau des Fallschirms erreicht. Folglich besitzen die Kappen der meisten Fallschirme einen kreisrunden oder kreisähnlichen Grundriß. Die aerodynamische Stabilität des Rundkappenfallschirms kann jedoch nur durch eine hohe Luftdurchlässigkeit des Kappengewebes erreicht werden. Diese verschlechtert aber wiederum den Widerstandsbeiwert der Kappe, so daß mit der aerodynamischen Stabilität stets eine erhöhte Sinkgeschwindigkeit in Kauf genommen werden muß.

Rundkappenfallschirme ohne irgendwelche Modifikation findet man heute beim Sportspringen kaum noch, sie werden nur noch als Reservegeräte und bei militärischen Fallschirmtruppen aufgrund ihrer einfachen und preiswerten Bauweise eingesetzt. Ihr großer Nachteil ist, daß man sie kaum steuern kann. Ausschließlich die Windverhältnisse bestimmen die Bahn des Schirms und den Landepunkt. Ein begrenztes Manövrieren ist durch das „Slippen" möglich. Man zieht dabei auf der Seite, zu der man hinsteuern will, einen oder zwei Haupttragegurte kräftig nach unten, u. U. sogar die Fangleinen. So erreicht man, daß die unter der Kappe gestaute Luft am entgegengesetzten Kappenrand verstärkt entweicht und dem Schirm einen gewissen (relativ schwa-

Ein einfacher, nicht steuerbarer Rundkappenfallschirm. Bei diesem speziellen Typ ist die Basis etwas nach innen gezogen, dadurch wird eine bessere Stabilität erreicht.

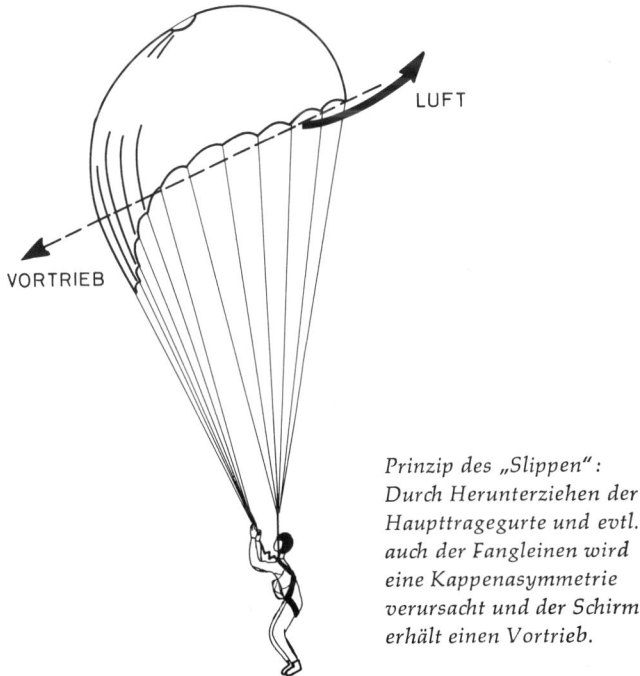

Prinzip des „Slippen": Durch Herunterziehen der Haupttragegurte und evtl. auch der Fangleinen wird eine Kappenasymmetrie verursacht und der Schirm erhält einen Vortrieb.

Rundkappenfallschirm mit einem Steuerschlitz. In Kappenmitte ist deutlich die Scheitelöffnung zu sehen.

(oben) Absprung mit einem automatischen Fallschirm.

(links) Wie eine Nabelschnur verbindet die Aufziehleine den Springer mit dem Flugzeug und zieht den äußeren Verpackungssack auf.

(rechts) Die Fangleinen sind gestreckt und die Kappe wird aus dem inneren Verpackungssack gezogen. Ist auch sie gestreckt, reißt ein Sollbruchband am Kappenscheitel, der Springer ist frei.

Die Serie zeigt einen der ersten Sprünge nach der Wiedererlangung der Lufthoheit 1955. Damals wurde noch ohne Reservegerät gesprungen.

Sprung mit einem manuellen Schirm.

Der Springer fällt ohne Verbindung mit dem Flugzeug frei durch die Luft. Er betätigt den Aufziehgriff (hier in seiner rechten Hand) und bewirkt dadurch, daß die Packhülle sich öffnet. Der Hilfsschirm springt heraus.

Der Hilfsschirm übernimmt beim manuellen Schirm die Funktion der Aufziehleine. Zunächst wird die Kappe gestreckt, die sich noch im Packschlauch befindet.

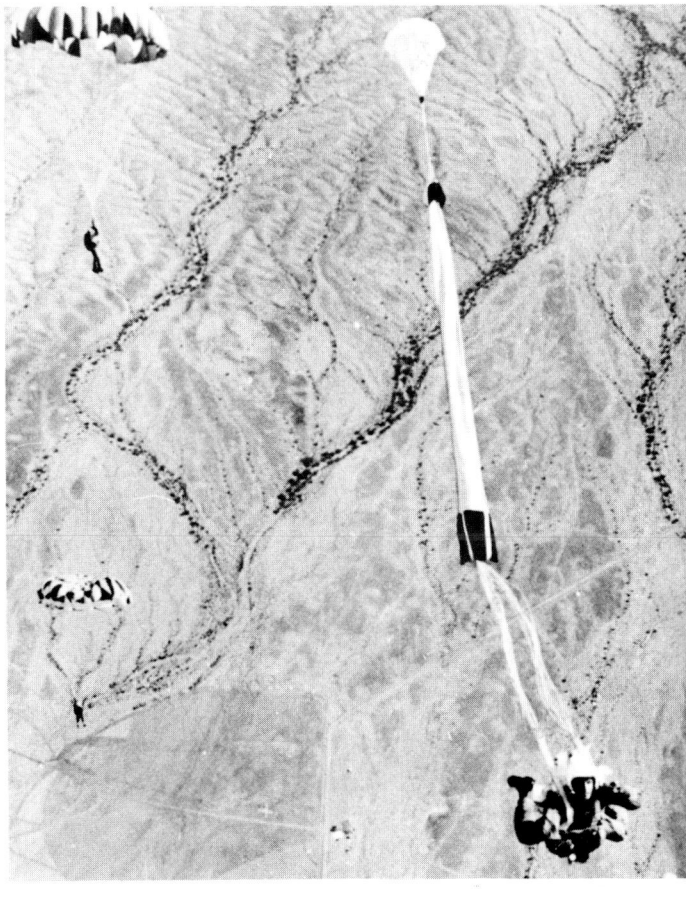

Die Fangleinen werden ausgeschlauft und danach der Packschlauch abgezogen.

Die Fallschirmkappe füllt sich mit Luft.

Fallschirm mit TU-Schlitz

chen) Vortrieb verleiht. Da die Kappenfläche gleichzeitig kleiner wird, vergrößert sich die Sinkgeschwindigkeit, besonders bei starkem Slippen. In Bodennähe kann es also gefährlich werden. Das Herunterziehen der Haupttragegurte oder gar der Fangleinen erfordert viel Kraft, Experten arbeiten sich trotzdem bis an den Kappenrand heran. Man kann sich so allerdings im wahrsten Sinne des Wortes sehr schnell die Finger verbrennen: faßt man die Fangleinen ohne Handschuhe an und läßt sie nur etwas rutschen, gibt es böse Brandwunden.

Bei der ersten Weltmeisterschaft im Fallschirmsportspringen 1951 in Bled (Jugosl.) plagten sich alle Teilnehmer noch mit derartigen Schirmen und Techniken ab. Aber bald kamen findige Konstrukteure dahinter, daß man den Vortriebeffekt auch besser und weniger mühsam für den Springer, erzielen konnte: es wurde einfach ein Schlitz in die Kappe geschnitten. Die angestaute Luft unter der Kappe trat nun durch diesen Schlitz aus und der Schirm bekam einen wirkungsvolleren Vortrieb.

Mit Hilfe einer Steuerleine kann die Geometrie dieses Steuerschlitzes so verändert werden, daß die Luft nicht gerade ausströmt, sondern seitlich (tangential). Die Kappe erhält dadurch einen Drall. Man ist also in der Lage den Schirm so zu drehen, daß der Vortrieb einen genau in die Richtung schiebt, in die man möchte. Vortrieb und Drehung sind das Prinzip der Steuerung, nach diesem Prinzip arbeiten heute alle modernen Sport-Übungsfallschirme.

Neben der Form der Kappe klassifiziert man die Übungsfallschirme noch nach der Art ihrer Öffnung in „automatische" und „manuelle" Fallschirme. Der Erstspringer erhält stets einen automatischen Fallschirm, er braucht sich um dessen Öffnung überhaupt nicht zu kümmern. Sie wird automatisch durch eine Aufziehleine bewirkt, die im Flugzeug eingehakt ist. Anders ist es beim manuellen Fallschirm, den fortgeschrittene Springer benutzen. Sie fallen mit ihrem Fallschirm frei durch die Luft, ohne Verbindung zum Flugzeug und müssen selbst den Aufziehgriff mit dem Aufziehkabel ziehen, um die Öffnung des Fallschirms freizugeben. Aus finanziellen Gründen ist ein kombinierter Fallschirm, der sowohl automatisch als auch manuell gesprungen werden kann, für die Fallschirmsportvereine besonders interessant.

Rundkappen mit verschiedenen Steuerschlitz-Formen.

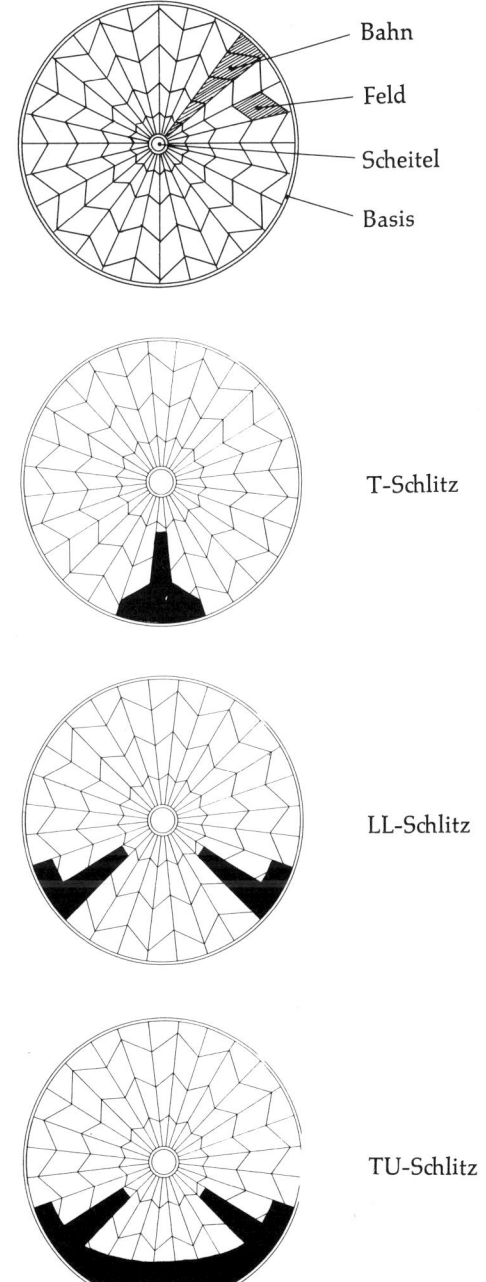

Bahn

Feld

Scheitel

Basis

T-Schlitz

LL-Schlitz

TU-Schlitz

Die einzelnen Teile eines Fallschirms

Die Fallschirmkappe besteht aus synthetischem Gewebe (meist Nylon) und hat eine Größe von 55–70 m² je nach Typ. In der Regel hat sie 24 oder 28 Bahnen, die mit Kappnähten zusammengenäht sind. Jede Bahn besteht aus fünf Feldern. In der Mitte der Kappe befindet sich die Scheitelöffnung. Die aus ihr entweichende Luft verleiht der Kappe eine gewisse Stabilität. Die Steuerschlitze werden nach ihrem Aussehen auch als T-, Doppel-LL- oder TU-Schlitz bezeichnet. Der äußere Rand der Kappe wird Basis genannt, sie ist stets besonders verstärkt.

An den Kappenrand (ca. 15 cm lang) sind die Fangleinen angenäht, manchmal laufen sie auch über die gesamte Kappe. Die Fangleinen verbinden die Kappe mit dem Gurtzeug, sie sind ca. 7,5 m lang.

Die wichtigsten Teile des Gurtzeuges sind: Haupttragegurt, Rücken-, Sitz-, Bein- und Brustgurt. Alle Gurte sind vorwiegend aus Perlon. Durch drei Schnellauswurf-Karabinerhaken (Schnell-Verschlüsse), zwei an den Beingurten und einen am Brustgurt, wird das Gurtzeug verschlossen. Moderne Fallschirme haben außerdem Kappentrennschlösser, durch deren Öffnen man die Kappe vom Gurtzeug trennen kann (in manchen Situationen sehr wichtig).

In zwei D-Ringe aus Metall wird das Reservegerät vor der Brust eingehakt. Das Tragen des Reservegerätes auf dem Rücken ist möglich, allerdings nur bei wenigen Fallschirmtypen vorgesehen.

Haupttragegurt

Rückenkreuzgurt mit Verstellschieber

Packhülle mit Stahlfederzügen

Beingurt mit Schnellverschluß

Sattel

Am Gurtzeug ist auch die Packhülle befestigt, in die die Fangleinen und die Kappe gepackt werden.

Ein wesentlicher Bestandteil des Fallschirms ist schließlich noch der Packschlauch, der über die gefaltete Kappe gezogen wird und an dessen unterem Ende die Fangleinen in Gummiringe eingeschlauft werden, damit sie nicht durcheinander geraten. Der Packschlauch hat einmal die Funktion, die Kappe geordnet zusammenzuhalten, im wesentlichen bewirkt er aber eine gewisse Verzögerung der Öffnung eines manuellen Fallschirms, so wird der Entfaltungsstoß weniger hart. Bei der Beschreibung des Öffnungsvorgangs wird dies noch genauer erläutert. Automatische Schirme haben und brauchen im allgemeinen keinen Packschlauch, sondern einen inneren Verpackungssack. Die Fall-Geschwindigkeit eines Springers beim automatischen Sprung ist längst nicht so groß wie die beim manuellen Sprung, der Entfaltungsstoß also auch nicht so hart. Kombinierte Fallschirme, die automatisch und manuell gesprungen werden können, besitzen einen Packschlauch.

Als letztes Teil von Bedeutung gibt es den Hilfsschirm, der für eine einwandfreie Öffnung des manuellen Schirms benötigt wird. Automatische Schirme haben keinen Hilfsschirm. Er übernimmt nämlich eigentlich die Funktion einer Aufziehleine beim manuellen Schirm. Nach der Öffnung der Packhülle bewirkt eine Spiralfeder in seinem Inneren, daß er herausspringt und vom Fallwind erfaßt wird. Er streckt die Kappe, die Fangleinen und zieht anschließend den Packschlauch ab.

Kabelschutzschlauch

Kappentrennschloß

Aufziehgriff mit Aufziehkabel

Brustgurt mit Schnellverschluß

D-Ring

Beingurt mit Schnellverschluß

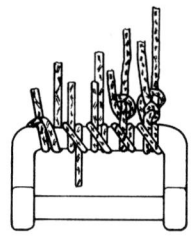

Einbindung der Fangleinen an die D-Verbindungsstücke des Gurtzeugs mit Mastwurf und zwei Halbschlägen, das Ende wird durch eine 10 cm lange Zick-Zack-Naht gesichert.

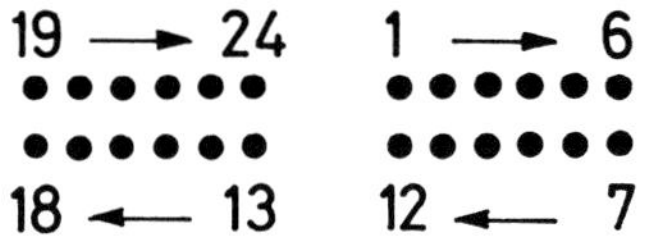

Reihenfolge der Fangleinen an den vier D-Verbindungsstücken bei einem 24-Bahnen-Schirm.

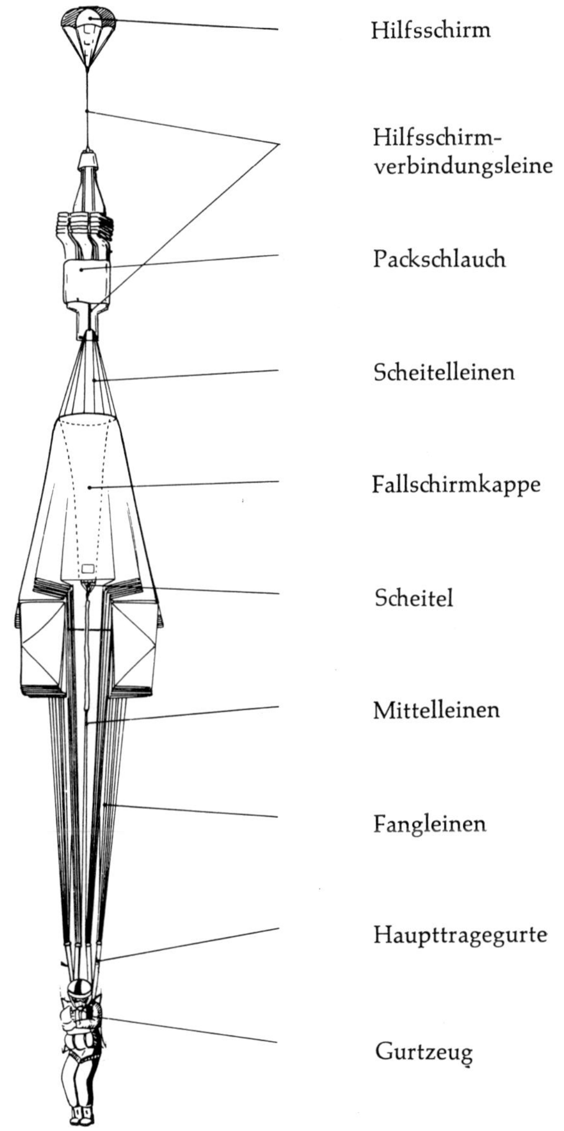

Hilfsschirm

Hilfsschirm-
verbindungsleine

Packschlauch

Scheitelleinen

Fallschirmkappe

Scheitel

Mittelleinen

Fangleinen

Haupttragegurte

Gurtzeug

Die einzelnen Teile eines manuellen Fallschirms, hier des Para Commander. Bei einem einfacheren Schirm sind die Scheitelleinen kürzer, die Mittelleinen entfallen, der Schnitt der Kappe entspricht der vorhergehenden Abbildung.

Reihensprung mit dem PD 47.

Andere Formen von Fallschirmkappen

Die runde Eintönigkeit der Fallschirmkappen wurde lange
Zeit nur durch zwei bemerkenswerte Typen unterbrochen.
Zunächst durch den quadratischen und steuerbaren russi-
schen Fallschirm PD-47 und bald darauf durch den dreiecki-
gen, deutschen Kohnke-Fallschirm, die Weiterentwicklung
eines bereits 1943 zum Patent angemeldeten Dreieck-Fall-
schirms. Beide Typen werden in ihren Heimatländern heute
noch als zuverlässige Anfängerschirme benutzt. Erst in den
vergangenen Jahren kamen Dreieck- und Rechteckkappen
wieder zu Ehren, als moderne Super-Gleiter.

Kohnke-Dreieck-Fallschirm ohne Steuerschlitz.

*Der quadratische, russische PD 47, hier ohne Steuerschlitz. Durch Herunterziehen der Fangleinen (Slippen) versuchen beide Springer
ein begrenztes Steuermanöver.*

Der Drachen-Fallschirm —
Vorläufer der modernen Gleitfallschirme

Obwohl teilweise noch 1966 bei der VIII. Weltmeisterschaft im Fallschirmsportspringen klassische Rundkappenfallschirme benutzt wurden, waren ihre Tage bereits 1964 bei der VII. Weltmeisterschaft gezählt. Ihre Leistungsfähigkeit in dem sich dynamisch weiter entwickelnden Fallschirmsport war ganz einfach nicht ausreichend.

Es ist das große Verdienst des französischen Konstrukteurs Pierre LEMOIGNE, die entscheidenden Impulse für neue Wege bei der Konstruktion von Fallschirmen gegeben zu haben, die heute noch wirksam sind.

Er entwickelte einen grundlegend neuartigen Fallschirmtyp, der 1961 zum erstenmal in Nordamerika auftauchte. Der Fallschirm „Lemoigne" wurde jedoch noch nicht gesprungen, sondern mit einem Seil am Boden oder hinter einem Fahrzeug befestigt und stieg bei starkem Wind oder durch die beim Fahren des Fahrzeugs entstehende Luftströmung von ganz allein nach oben! Dieses Hochsteigen wird durch ein völlig neues Schlitzsystem bewirkt, durch das die Luft nach hinten und unten entweicht. Die Kappe besteht aus einem Nylongewebe mit sehr geringer Luftdurchlässigkeit, der Scheitel wird durch zwei Mittelleinen nach innen gezogen, wodurch der Luftdruck unter der Kappe erhöht wird. An beiden Seiten der Kappe befinden sich an der Basis Stabilisierungsflächen, die ein Drehen der Kappe in der Luft und ein Abstürzen des „Springers" verhindern.

Das Fallschirmsegeln mit diesem sogenannten Drachenschirm ist ein Spaß, der immer mehr Freunde findet und in vielen Urlaubsorten durchgeführt werden kann. Vorkenntnisse benötigt man dafür überhaupt keine: ins Gurtzeug einsteigen und einige kurze Laufschritte (falls überhaupt kein Wind ist, ein paar mehr) und man hängt am Himmel. Die Landung ist sehr sanft. Je mehr Wind, desto besser, denn der Schirm ist ja durch das Seil gehalten. Leichtgewichte haben bei sehr starkem Wind Schwierigkeiten, überhaupt wieder herunterzukommen! Zum Schleppen ist alles geeignet, was sich irgendwie fortbewegt, z. B. Auto, Motorboot, Schneeraupe usw.

Spektakuläre Taten mit dem Drachenfalschirm waren z. B. die Überquerung der Adria oder des Mittelmeeres bis Afrika, auch die Sahara und Alaska blieben nicht verschont; Spaß machte das wahrscheinlich nicht mehr.

Der Drachenfallschirm von Lemoigne wird an einem Seil hinter einem Fahrzeug hochgezogen.

Der RL 3/5 aus Seifhennersdorf (DDR) stellt das Optimum dar, das aus einer klassischen Rundkappe herauszuholen ist.

21

Drachenfallschirme durchsegeln im „Verbandflug" eine Wüste.

Mittelpunktlandung mit einem PC bei seinem ersten Einsatz während der VII. Weltmeisterschaft 1964, in Leutkirch (BRD).

Gleitfallschirme — Hochleistungsgeräte des heutigen Fallschirmsports

Der Erfinder des Drachenschirms, Lemoigne, hat bereits bei der Konstruktion klar erkannt, daß dieser Schirm sich auch für den Fallschirmsport eignen würde. Auf der letzten Seite der Gebrauchsanweisung vertrat er auch diese Meinung.

Die amerikanische Gesellschaft Pioneer Parachute Company erkannte die Möglichkeiten, die in dem Schirm steckten und konnte sich die Rechte sichern, nur weil wieder einmal mehr ein Erfinder im eigenen Land nicht ernst genommen wurde: die französische Gesellschaft EFA hatte Lemoigne abblitzen lassen.

Bald nachdem die ersten von den Amerikanern „Para-Sail" genannten Lemoigne-Schirme am Seil am Himmel hingen, sah man sie auch schon ohne Seil, sie wurden auf ihre Sprungtauglichkeit hin überprüft. Zwei bemerkenswerte, positive Eigenschaften entdeckte man:

— der Schirm sank langsamer als alle bis dahin bekannten Fallschirme gleicher Größe (ca. 8 m Durchmesser),

— der Schirm hatte einen sehr starken Vortrieb.

„Para Commander", Mark I, nannte man das Modell, das im Juli 1964 vorgestellt wurde. Eine Reihe von notwendigen Veränderungen gegenüber dem Para-Sail hatten sich aus den Testsprüngen ergeben. Im hinteren Teil der Kappe wurde ein großer „Fenster"-Schlitz zur Verbesserung des Vortriebs eingebaut, außerdem zwei Dreieck-Schlitze, die ursprünglich zum Steuern benötigt wurden. Zu den vier Schlitzen auf jeder Seite der Kappe (der hintere erhielt schließlich fast die doppelte Länge als sie ursprünglich vorhanden war!) wurden Steuerleinen geführt, diese Schlitze nahmen also den Dreieckschlitzen ihre Funktion wieder ab. Die Schlitze auf der Vorderseite der Kappe wurden ganz weggelassen, außerdem wurde die Kreisform dort etwas gestutzt, so daß die vordere Hälfte eine elliptische Form erhielt. Schließlich befestigte man noch die Mittelleinen am D-Verbindungsstück der hinteren Haupttragegurte anstatt an der Stelle, wo vorderer und hinterer Haupttragegurt zusammentreffen.

Der Schirm machte 1964 auf der VII. Weltmeisterschaft in Leutkirch (BRD) Furore und hat seitdem einen großartigen Erfolg auf der ganzen Welt. Inzwischen gibt es die Nachfolgemuster Mark II und Competition, aber obwohl man die Herstellung des Mark I einige Zeit eingestellt hatte, mußte man sie wegen der großen Nachfrage wieder aufnehmen. Die Nachfolgemuster erfüllten nicht voll die Erwartungen der Springer, der Mark II wird sogar schon nicht mehr gebaut.

Außerhalb der USA wurden ähnliche Schirme gebaut, das Lemoigne'sche Prinzip kann keiner leugnen. Sie unterscheiden sich nur durch Variationen der Schlitze von mehr oder minder großer Bedeutung, durch die verwendeten Gewebe und durch etwas andere Gurtzeuge, Verschlüsse, Trennschlösser und Packhüllen.

Ziel dieser Nachbauten war stets, die Nachteile des Para Commander, Mark I zu verkleinern, denn er hat trotz (oder wegen?) der Vielzahl von Vorteilen natürlich auch Nachteile. Das komplizierte Gerät reagiert auf nicht einwandfreie Freifallagen während der Öffnung (z. B. leichte Kopflage) empfindlicher als ein normaler Rundkappenfallschirm. Außerdem erfolgen die Drehungen der Kappe zwar um eine Vertikalachse, jedoch verläßt der Springer sie, er pendelt mehr oder weniger stark aus. Dieses Auspendeln kann bei Richtungskorrekturen über 90°, die kurz über dem Boden ausgeführt werden, sehr gefährlich sein, wenn der Springer aus der Pendelbewegung auf den Boden geschleudert wird. Man muß also abrupte Drehungen vor der Landung vermeiden, selbst wenn man das Ziel unter sich vorbeigleiten sieht!

Verbesserungen erreichten die französischen Schirme, der Olympic, Super Olympic und der neuere Papillon. Sie erlauben eine sehr stabile Drehung und bieten eine zuverlässigere Öffnung. Die tschechischen Schirme der PTCH-Serie haben den Vorteil gegenüber dem PC, daß sie auch in steilerem Winkel ins Ziel geführt werden können und dabei stabil bleiben. Die Gefahr, daß der Springer beim Zielspringen vor oder hinter dem Zielkreis landet, ist daher geringer. Auch der russische UT-15 hat sich bewährt und wird sogar in den USA nachgebaut.

Die Kappe des Para Commander, Mark I.

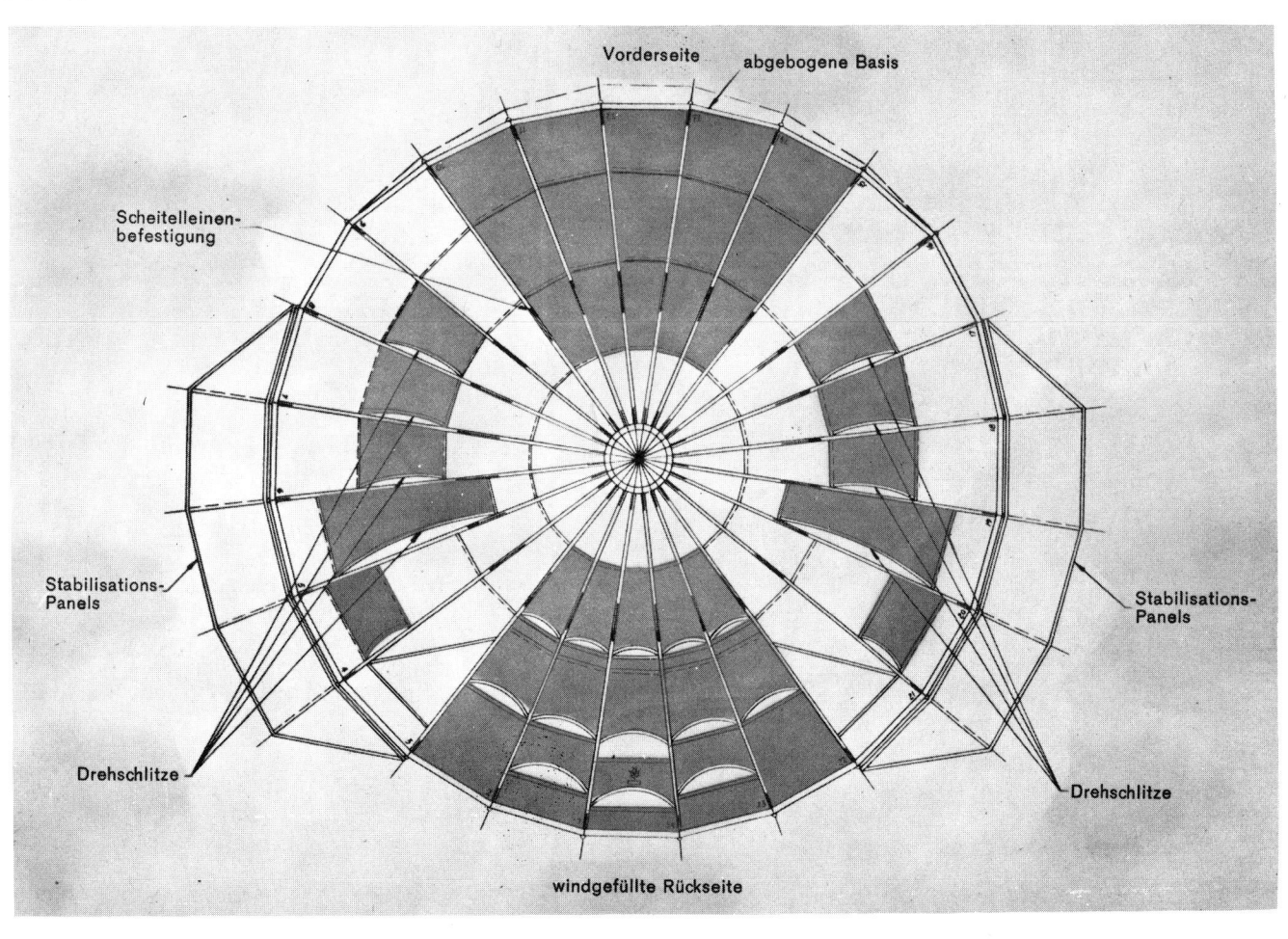

Der Para Commander wurde oft kopiert und seine Kopien sind dabei, ihm den Rang abzulaufen. So zum Beispiel der PTCH (CSSR)

Die Super-Gleiter

Trotz des Erfolges aller dieser PC-Nachbauten versuchten die Konstrukteure auch völlig neue Wege. Sie gingen dabei von einer ganz bestimmten Zielvorstellung aus. Alle bisher aufgeführten und gewiß sehr leistungsfähigen Typen bieten eine hohe Ziellandepräzision bis etwa 5 m/s Windgeschwindigkeit. Ist die Windgeschwindigkeit größer oder treten unerwartete seitliche Höhenströmungen auf, sind Landungen außerhalb des Zielkreises immer noch sehr rasch möglich. Zahlreiche Beispiele dafür gibt es sogar von Weltmeisterschaften, bei denen manchmal äußerst schwierige Wind-

bedingungen auch Weltklassespringern zu Außenlandungen „verhalfen"!

An eine neue Fallschirmkonzeption wird deshalb die Forderung gestellt, einen höheren Vortrieb als die bisherigen Typen zu besitzen. Gleichzeitig muß aber der starke Vortrieb während der unmittelbaren Landephase abbremsbar sein, möglichst bis auf 0 m/s oder noch besser natürlich, wenn der Schirm sogar rückwärts gleiten kann.

... Papillon (Frankreich)

... UT-15 (UdSSR)

Mittlerweile hat man verschiedene Fallschirme entwickelt, die diese Forderungen mehr oder weniger erfüllen. Die kreisförmige Kappenform ist nicht mehr dabei, die Super-Gleiter besitzen eine dreieckige oder rechteckige Form. Daraus ergibt sich auch ihr größtes Problem: die Schwierigkeiten bei der Öffnung. Bei dem bisher erfolgreichsten Modell, dem Para Plane, ist dies Problem inzwischen recht gut gelöst, die Kappe öffnet sich ziehharmonikaartig nach beiden Seiten. Bei Absprüngen bis 1000 m Höhe konnte der Entfaltungsstoß in erträglichem und sicherem Rahmen gehalten

werden. Erst beim Strato-Star, der neuesten, stark verbesserten Rechteck-Konstruktion, gelang es, auch den Entfaltungsstoß nach längerem Freifall in den Griff zu bekommen. Er eignet sich also außer zum Ziel- auch für das Stil- und Relativ-Springen. Selbst bei Absprüngen aus großen Höhen ist seine Öffnung unproblematisch und butterweich. Der Dreieck-Gleiter hat sich wegen seiner mangelnden Leistungsfähigkeit zu keiner Zeit durchsetzen können.

Nicht durchsetzen konnte sich der Dreieckgleiter „Delta II Parawing".

Der Para Plane setzt mit „ausgefahrenen Landeklappen" zur Landung an.

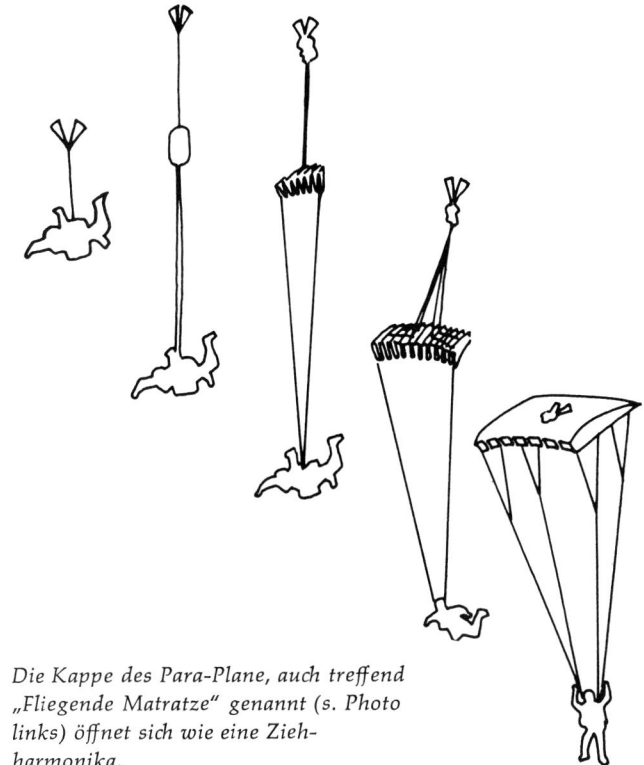

Die Kappe des Para-Plane, auch treffend „Fliegende Matratze" genannt (s. Photo links) öffnet sich wie eine Ziehharmonika.

Zulassung und Versicherung

In fast allen Staaten benötigen die Sprungfallschirme der Sportspringer eine behördliche Zulassung. In der BRD werden Fallschirme in den Gesetzen zu den Luftfahrzeugen gezählt und benötigen eine Muster-Zulassung für jedes Fallschirm-Muster oder -Modell und eine Stück-Zulassung für jeden einzelnen Fallschirm. Außerdem muß jeder Schirm einmal im Jahr oder nach 100 Absprüngen nachgeprüft werden. Die zulässige Gesamt-Betriebszeit richtet sich nach Absprungzahl und Alter des Fallschirms. Die Zahlen liegen bei 400 Absprüngen oder 10 Jahren (PC). Danach muß eine sogenannte umfassende Nachprüfung durchgeführt werden, deren positiver Ausgang eine weitere Verwendung für 1 Jahr oder 50 Absprünge ermöglicht. Die Zahlen variieren von Schirmtyp zu Schirmtyp, beim PTCH-C z. B. sind es 300 Absprünge oder 5 Jahre und nach einer umfassenden Nachprüfung darf der Schirm ein weiteres Jahr oder für 100 Absprünge benutzt werden. Allgemein sieht das Gesetz nur 200 Absprünge und 10 Jahre bei Kappen aus synthetischen Stoffen, bei natürlichen Stoffen gar nur 7 Jahre vor.
Jeder Hauptfallschirm muß eine Haftpflichtversicherung besitzen, die an den Fallschirm gebunden ist, und nicht an die Personen, die ihn springen (also wie beim Kraftfahrzeug). Der Abschluß einer Unfallversicherung, die stets an den Springer gebunden ist, bleibt diesem überlassen.

Stratostar. Nach dem Para Commander die zweite Revolution in der Fallschirmentwicklung.

Piglet. Eine speziell für das Relativspringen entwickelte leichte Rundkappe.

Übersicht der bekanntesten Fallschirmkappen (unmaßstäblich) F = Kappenfläche in m²; v_v = Sinkgeschwindigkeit in m/sec; v_h = Vortrieb in m/sec; v_r = Drehgeschwindigkeit in sec/360°. Alle Angaben sind ca.-Werte. Die schwarzen Flächen stellen die Steuerschlitze bzw. andere Öffnungen dar.

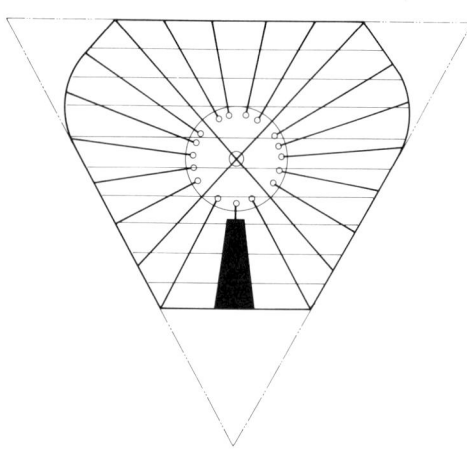

Kohnke Dreieck   (BRD)
F = 67,0
v_v = 5,4
v_h = 2,0
v_r = 10—12

Pioneer TU   (USA)
F = 55,0
v_v = 5—6
v_h = 3—4
v_r = 6—8

Pioneer LL   (USA)
F = 55,0
v_v = 5—6
v_h = 3,0
v_r = 8—10

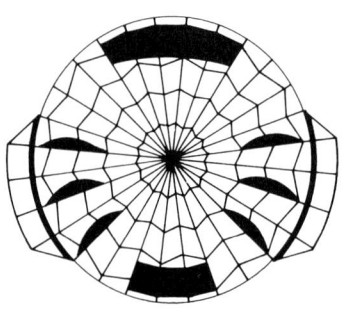

RL 3/5 (DDR)
F = 54,0
v_v = 5—6
v_h = 3—5
v_r = 5—7

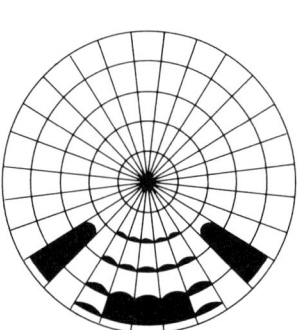

PTCH—C (CSSR)
F = 70,0
v_v = 5,5
v_h = 2,0
v_r = 9—12

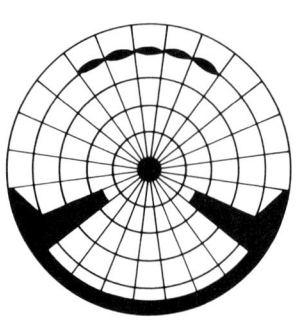

EFA 657   (F)
F = 55,0
v_v = 5,0
v_h = 4,0
v_r = 6—8

Para Commander   (USA)
  Mark I
F = 48,0
v_v = 5,0
v_h = 6,0
v_r = 3—4

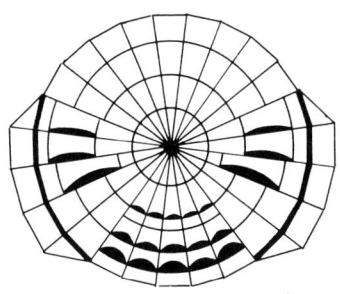

Para Commander   (USA)
  Mark II
F = 48,0
v_v = 5,0
v_h = 5,0
v_r = 3—4

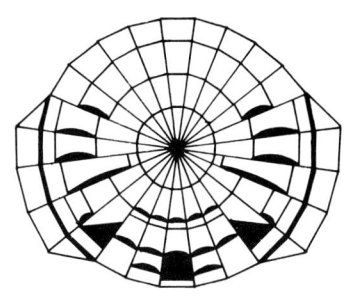

Para Commander   (USA)
  Competition
F = 48,0
v_v = 5,0
v_h = 6,0
v_r = 3—4

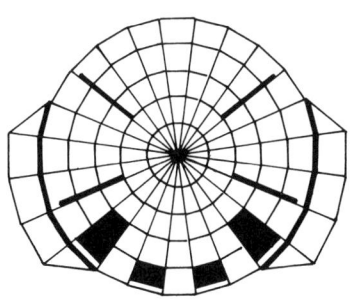

Crossbow   (USA)
F = 49,0
v_v = 5,0
v_h = 5,0
v_r = 3—4

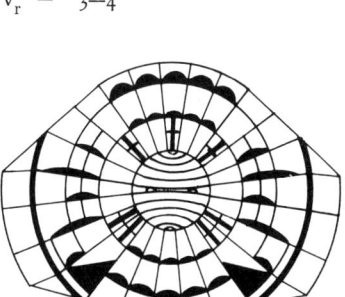

Super Olympic   (F)
F = 51,0
v_v = 4,7
v_h = 5,6
v_r = 3,0

Papillon   (F)
F = 51,0
v_v = 4,8
v_h = 5,6
v_r = 2,8

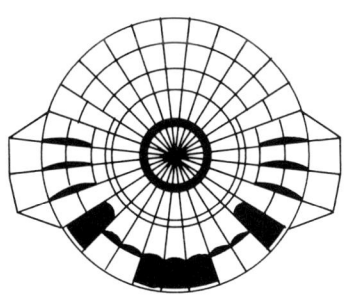

UT—2K   (UdSSR)
F = 46,0
v_v = 5,5
v_h = 5,5
v_r = 4—5

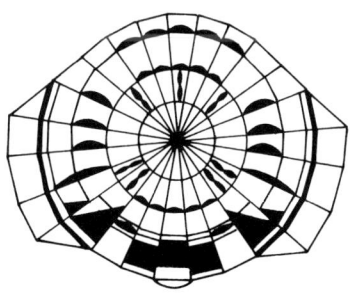

UT—15   (UdSSR)
F = 50
v_v = 5,0—5,6
v_h = 5,0—5,6
v_r = 3,0—3,4

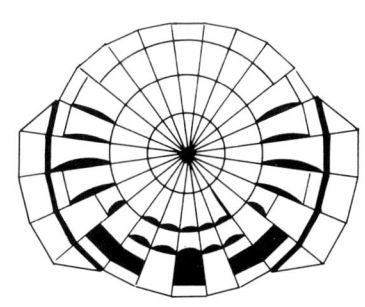

PS—06—1   (YU)
F = 51,8
v_v = 4,6
v_h = 5,5
v_r = 3—5

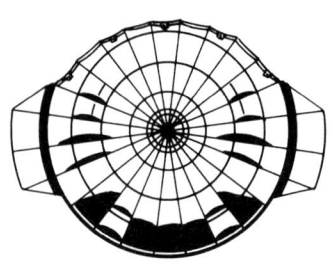

PTCH—7 (CSSR)
$F = 48,0$
$v_v = 5,2$
$v_h = 4—5$
$v_r = 3—5$

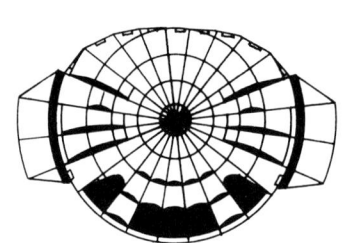

PTCH—8 (CSSR)
$F = 46,0$
$v_v = 5,2$
$v_h = 6,0$
$v_r = 3—5$

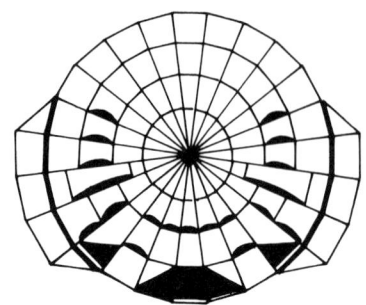

Pathfinder (GB)
$F = 49$
$v_v = 5,0$
$v_h = 5,0$
$v_r = 4,0$

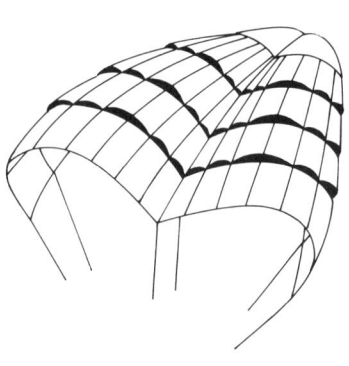

Parawing Delta II (USA)
$F = 37,0$
$v_v = 5,0$
$v_h = 9,0$
$v_r = 3—5$

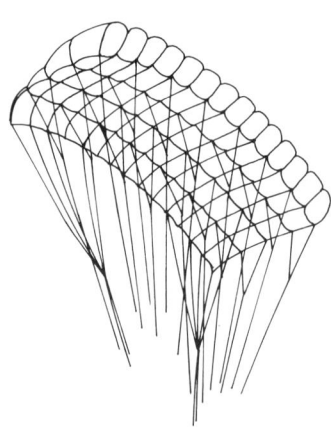

Para Plane (USA)
$F = 20,0$
$v_v = 4,3— 7,8$
$v_h = 3,0—13,0$
$v_r = 4—7$

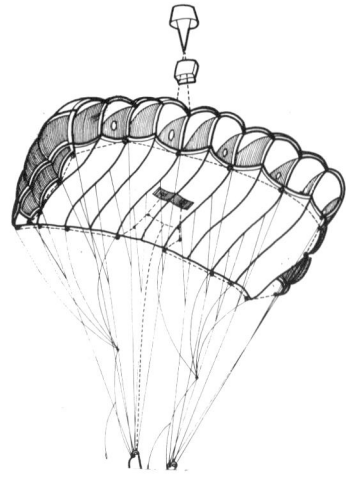

Strato-Star (USA)
$F = 16,0 m$
$v_v = 4,0—7,0$
$v_h = 13,0$
$v_r = 4—7$

Amerikanische Cessna Maschinen (3—5 Springer) werden auf der ganzen Welt zum Absetzen von Fallschirmsportlern benutzt, als Hochdecker sind sie auch ideal dafür geeignet.

3. Die Absetzluftfahrzeuge

Als „Absetzen" bezeichnet der Fallschirmsportler das Anfliegen in einer bestimmten Höhe auf einer bestimmten Richtungsachse, die er dem Piloten „diktiert", und das Abspringen über dem gewünschten „Absetzpunkt". Will man kurz beschreiben, welche Luftfahrzeuge sich dafür eignen, kann man einfach sagen: alle! Alles was nur irgendwie fliegt und gewillt ist, ihn auf Höhe zu bringen, nimmt der Fallschirmspringer dankbar an. Die meisten Staaten — auch die BRD — verlangen jedoch, daß das Absetzflugzeug zum Absetzen zugelassen ist.

Unter den Flugzeugen ist der Hochdecker am geeignetsten, weil er dem Springer beim Absetzen eine freie Sicht nach unten gewährt und ein bequemes Aussteigen ermöglicht. Stars unter den Absetzflugzeugen sind ohne Zweifel die amerikanischen Cessna-Typen, und zwar auf der gesamten Welt. Der Absprung erfolgt bei ihnen aus der Seitentür, wie bei vielen anderen auch. Bei dem britischen Flugzeug Skyvan erfolgt der Absprung durchs Heck, leider steht diese Maschine auf unserem Kontinent kaum zur Verfügung.

Auch aus Tiefdeckern kann man springen, nur bereitet das Finden des Absetzpunktes einige Schwierigkeiten, weil man nur mühsam am vorderen Rand der Tragfläche vorbei nach unten sehen kann. Bei der französischen Morane muß man zunächst die Haube nach hinten schieben, dann auf die Tragfläche klettern, von der man sich schließlich nach hinten runterrutschen läßt. Durch das Höhenleitwerk wird der Springer nicht gefährdet.

In den osteuropäischen Staaten und der UdSSR wird sehr viel der russische Doppeldecker AN-2 benutzt, auch bei mehreren Weltmeisterschaften wurde er erfolgreich eingesetzt. Ein etwas langsames, aber sonst sehr geeignetes Flugzeug. Die Absprungtür liegt hinter den Tragflächen, das Absetzen bietet also keine Probleme.

Noch besser als die oben beschriebenen Flugzeugtypen eignen sich alle Arten von Hubschraubern zum Absetzen, sie haben nur einen sehr großen Nachteil: sie sind zu teuer. Glücklicherweise unterstützen jedoch oft die Armeen der meisten Länder die Fallschirmsportler, indem sie ihnen Hubschrauber für nationale Meisterschaften und andere bedeutende Wettbewerbe zur Verfügung stellen. Der Vorteil liegt auf beiden Seiten: die Springer haben eine günstige Sprungmöglichkeit und die Armeen leisten so gute Öffentlichkeitsarbeit, abgesehen davon, daß die Piloten im Absetzen von Fallschirmspringern trainiert werden.

Besondere Leckerbissen für Springer sind die sehr seltenen Gelegenheiten, aus einem Ballon oder gar einem Luftschiff springen zu können. Der Reiz liegt — abgesehen von dem Ungewöhnlichen — darin, daß man wegen der fehlenden Horizontalgeschwindigkeit und somit des „Fahrtwindes" senkrecht nach unten fällt. Der Absprung muß sehr sauber sein, da man in den ersten Sekunden des Freifalls noch keine Möglichkeit hat, sich durch Gegendrücken gegen einen Luftwiderstand zu stabilisieren. Ähnlich kann es beim Hubschrauber sein, aber normalerweise haben diese meist eine Horizontalgeschwindigkeit von etwa 100 km/h.

(lins oben) Auch die deutsche Dornier 27 (bis zu 5 Springer) ist ebenfalls ein Hochdecker. Viele Vereine in der BRD haben eine eigene Do 27, von der Bundeswehr ausgesonderte Maschinen.

(rechts) Die britische Skyvan (16 Springer) besitzt eine riesige Heckklappe, die hochgezogen den Weg für die Springer freigibt.

(rechts außen) Die große Schwester der Do 27 — die Do 28 (12 Springer).

(links unten) Delikat sind Sprünge aus Tiefdeckern, durch das Leitwerk ist der Springer nicht gefährdet. Auf dem Bild die australische Victa Airtourer (3 Springer).

(rechts unten) Hervorragend zum Springen geeignet — der russische Doppeldecker Antonov 2 (14 Springer).

(links) Etwas langsam, etwas laut —aber sehr zuverlässig: der französische Broussard (6 Springer).

(rechts) Steigt wie ein Fahrstuhl — der amerikanische Hubschrauber Bell UH (10 Springer).

(rechts) Neuestes und idealstes „Absetzschiff" ist der amerikanische Doppelturbinen-Hubschrauber Chinook CH-47 (über 30) mit seinem riesigen Haifischmaul am Heck, hier beim Einsatz während des 1. Relativ-Welt-Cups 1973.

(links) Sehr schnell, sehr leise — und ausgezeichnete STOL-Eigenschaften: die schweizerische Pilatus Porter (7 Springer).

(links) Die kanadische Twin Otter (20 Springer) ist ideal für Relativ-Sprünge.

(unten) 100 Springer faßt die Super-Constellation, sie dürfen nur schubweise die Maschine verlassen. Sprünge aus der Super-Conny sind Ausnahmen.

Die französische Morane
(3 Springer) erhält zum
Springen extra einen
Handlauf, das Herausklet-
tern wird so erleichtert.

Die Relativ-Springer der
USA benutzen sehr häufig
die DC 3 ...

... oder die Twin-Beech-
craft.

Der Sprung aus einem
Luftschiff ist ein äußerst
seltener Leckerbissen.

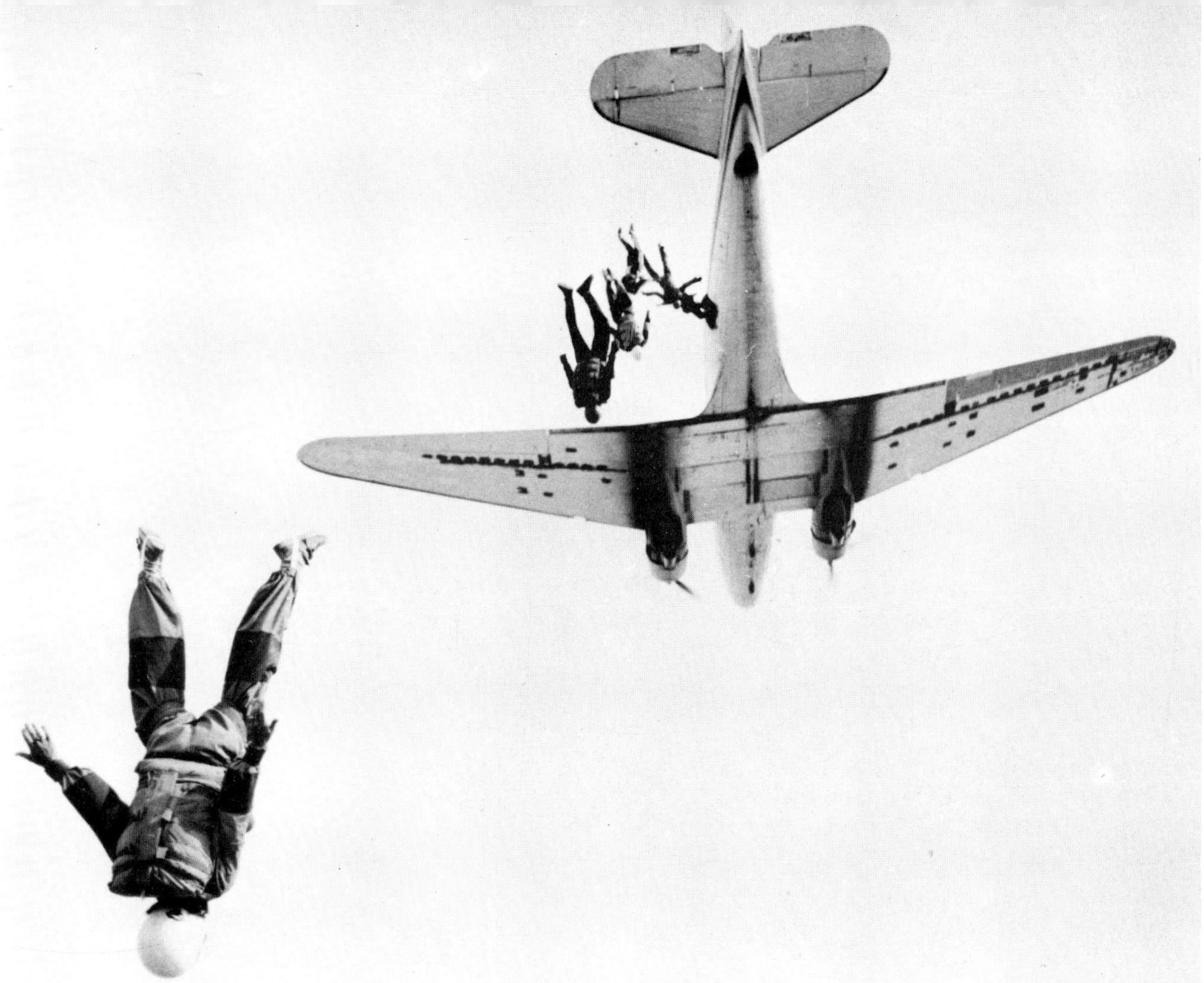

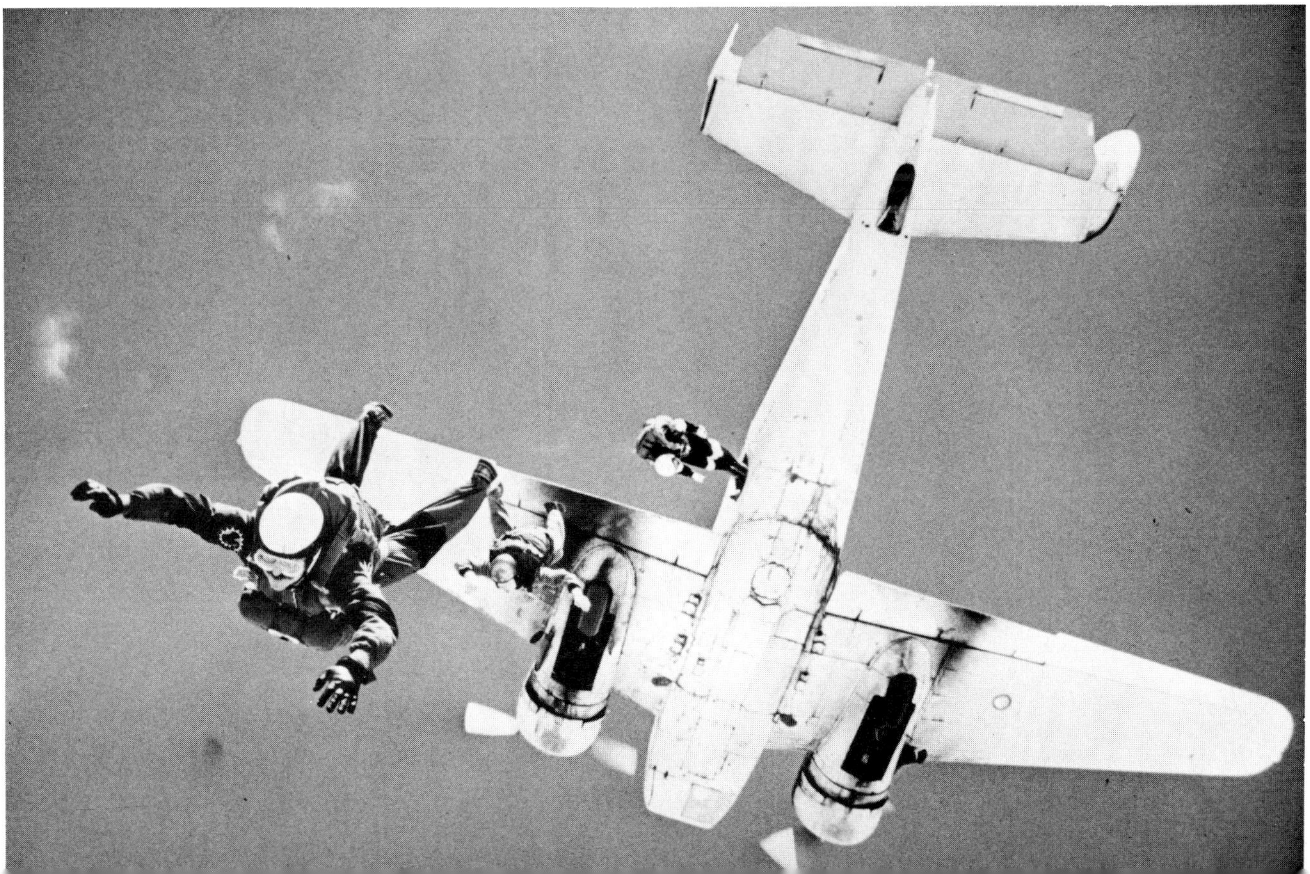

4. Die Ausrüstung

Die Fallschirmausrüstung, also der Hauptfallschirm und das obligate Reservegerät, wird in fast allen Vereinen und Ausbildungszentren den Springern zur Verfügung gestellt. Erst wenn ein gewisser Leistungsstandard erreicht ist, kaufen sich viele einen eigenen Fallschirm und ein eigenes Reservegerät.

Außer einem Fallschirm benötigt man zum Springen noch einige spezielle Dinge, die vor allem der Sicherheit dienen.

Das fängt mit einem Paar guter Springerstiefel an. Weltweit verbreitet sind die französischen Paraboot-Modelle. Das Modell „Competition" hat eine dicke, durchgehende Luftkammersohle. Es wird besonders Anfängern empfohlen. Bei einer nicht richtig ausgeführten Landung, wenn beide Füße nicht fest zusammengehalten werden, besteht infolge der hohen Sohle die Gefahr, daß die Füße umknikken. Elastische Bandagen um die Fußgelenke bieten eine zusätzliche Sicherheit. Für das Wettbewerbsspringen, insbesondere das Stil- und Zielspringen, sind sie weniger geeignet, da sie zu schwer und zu unbeweglich sind. Die Firma Paraboot hat daher ein leichteres Stil-Modell entwickelt, ebenso die deutschen Firmen Puma und Adidas, deren Modelle sich sehr gut für Stil- und gerade auch Zielsprünge eignen. Für den Anfänger sind sie je nach Veranlagung sehr bald zu benutzen.

Ein Springerhelm ist obligatorisch, um den Kopf des Springers bei der Landung zu schützen. Normalerweise berührt er den Boden zwar nicht mit dem Kopf, aber es kann sein, daß der Landefall einmal nicht ganz vorschriftsmäßig verläuft und dann ist das Tragen eines Helmes äußerst vorteilhaft. Besonders bei dem von vielen Springern gefürchteten Landefall rückwärts kommt es leicht zu einer sogenannten „Dreipunktlandung": Füße — Hinterteil — Kopf. Sie ist zwar nicht richtig, aber kommt eben immer wieder vor.

Weltweit durchgesetzt hat sich der französische St. Christoph-Helm „Integral". Er wurde speziell für das Fallschirmspringen entwickelt. Der Kinnriemen ist außen am Helm befestigt, besonders wichtig für Anfänger, da bei einer Befestigung im Innern die Gefahr besteht, daß Gurte oder Fangleinen während einer unstabilen Öffnung zwischen Befestigung und Helmkante haken und den Helm abreißen und/oder den Nackenwirbel verletzen.

Im allgemeinen trägt man zum Sprung eine durchgehende Kombination, die sich besser bewährt hat als zweiteilige Kombinationen. Ziemlich neu sind sogenannte „Glokken-Kombinationen", die an Armen und Beinen glockenartige Aufweitungen haben. Hierdurch ergeben sich für das Relativspringen nützliche Vorteile.

Zum Schutz der Hände empfiehlt es sich, stabile Leder-Fingerhandschuhe zu tragen, die das Fingergefühl nicht zu stark beeinträchtigen.

Eine gut sitzende Schutzbrille ist bei den ersten automatischen Sprüngen nicht unbedingt notwendig, jedoch später, bei längeren Freifallsprüngen eine Wohltat für die Augen. Es gibt allerdings nicht wenige Springer, die auch dann keine Brille tragen mögen.

Zwei Deutsche Meister (1973/74) in voller Ausrüstung.
Links eine Normal-Kombination: Puma-Springerstiefel, Bell-
Helm, Stoppuhr und Höhenmesser; rechts Glocken-Kombination,
leichte französische Schuhe, Lederkappe und Höhenmesser.

Das Jerry Bird System wurde von einem der weltbekanntesten
Relativspringer Jerry Bird – im Foto links – entwickelt. Es ist
ein besonders leichtes Gurtzeug mit einer aerodynamisch
günstig geschnittenen Verpackung.

(unten) Der französische Helm „St. Christoph-Helm Integral"
mit außen befestigtem Kinnriemen hat sich stark durchgesetzt.

Zur genauen Information über die Höhe, in der man sich gerade befindet, ist bei Freifallsprüngen aus über 1000 m ein zuverlässiger Höhenmesser erforderlich, der entweder am Arm wie eine Uhr getragen wird oder in einer Halterung auf dem Reservegerät.

Die Höhe läßt sich auch mit Hilfe einer Stoppuhr kontrollieren, die man beim Verlassen des Flugzeugs drückt. Anhand der Freifallzeit weiß man ziemlich genau, wieviel Meter man gefallen ist und wann man den Schirm öffnen muß. Bei Wettbewerbssprüngen erfüllt die Stoppuhr noch eine andere Funktion. Fast immer sind bestimmte maximale Freifallzeiten vorgeschrieben, bei deren Überschreitung man Strafpunkte erhält. Durch eine Stoppuhr läßt sich dies am sichersten vermeiden. Bei Gruppensprüngen wird vorher eine genaue Öffnungsstaffelung abgesprochen, die sich nur mit einer Stoppuhr exakt einhalten läßt.

Zur Sicherheit der Schüler, die ihre ersten manuellen Sprünge machen, gibt es Öffnungsautomaten. Falls der Schüler aus irgendwelchen Gründen den Aufziehgriff nicht betätigt, erledigt es der Automat für ihn. Er arbeitet entweder mit einer Barometrik (gewünschte Öffnungshöhe einstellen) oder auf Zeit (gewünschte Freifallzeit einstellen).

Bei Absprüngen in unmittelbarer Nähe von Wasserflächen sollte man eine geeignete Schwimmweste mit sich führen oder spezielle Schwimmer, die hinter die Spannbänder des Reservegeräts geklemmt werden und sich nach kräftigem Zusammendrücken automatisch aufblasen. Sie haben einen ausreichenden Auftrieb, um einen Menschen über Wasser zu halten.

Ein Sauerstoffgerät wird erforderlich, wenn Sprünge aus über 5000 m Höhe ausgeführt werden sollen.

Preise für eine Grundausrüstung

Springerstiefel:	DM	80 — 110
Springerhelm:	DM	70 — 80
Kombination:	DM	75 — 110
Schutzbrille:	DM	15 — 25
Handschuhe:	DM	15 — 25
Höhenmesser:	DM	150 — 200
Halterung:	DM	45 — 60
Stoppuhr:	DM	80 — 110

Für den Kauf eines eigenen Fallschirms muß man — je nach Typ — etwa 2 500 bis 4 000 DM (einschließlich Reservegerät) ausgeben.

Französische Springerstiefel Paraboot mit dicker Luftkammersohle.

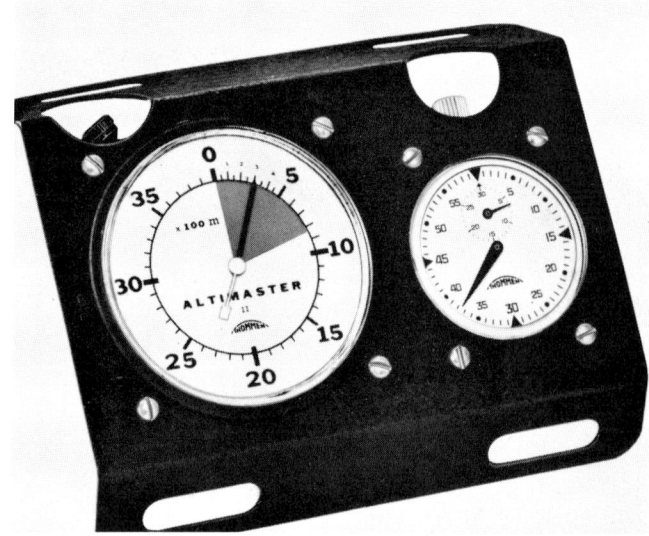

Armatur mit Höhenmesser und Stoppuhr.

(unten) Öffnungsautomat KAP-3P. Je nach Einstellung (Zeit oder Höhe) öffnet er den Schirm, indem er das Aufziehkabel herauszieht (Pfeil).

5. Die Ausbildung des Sprungschülers

Die Voraussetzungen

Das Mindestalter für den Beginn der Ausbildung wurde vom Gesetzgeber auf 16 Jahre festgelegt, in Einzelfällen kann ein früherer Beginn zugelassen werden. Der Sprungschüler benötigt jedoch bis zur Volljährigkeit eine Einverständniserklärung seiner Eltern. Wesentliche Voraussetzung ist die körperliche Tauglichkeit des Schülers, die von einem anerkannten Fliegerarzt überprüft werden muß.

Nur anerkannte Ausbildungsbetriebe dürfen die Ausbildung durchführen. Etwa 90 % aller Fallschirmsportvereine in der BRD besitzen diese Anerkennung. In den Vereinen sind ausschließlich ehrenamtliche Fallschirmsprunglehrer tätig, die die Lehrberechtigung in einem besonderen Lehrgang erworben haben.

Die theoretische Ausbildung

Auch im Fallschirmsport läßt sich nicht vermeiden, einige Theorie zu büffeln. Die Stoffgebiete sind für den Bereich der BRD in den „Richtlinien des Bundesministers für Verkehr für die Ausbildung und Prüfung des Luftfahrtpersonals", Abschnitt für Fallschirmspringer, genau vorgeschrieben, ebenso natürlich auch die praktische Ausbildung.

Zur Theorie gehören folgende Abschnitte:

- Luftrecht, Luftverkehrs- und Flugsicherungsvorschriften
- Meteorologie
- Ausrüstung und Technik
- Theorie des freien Falles
- Verhalten in besonderen Fällen
- Erste Hilfe (Sofortmaßnahmen)

Da der infrage kommende Luftraum auch nicht unendlich groß ist und besonders in Europa mit vielen Luftfahrzeugen schon reichlich angefüllt ist, haben die Staaten bestimmte Gesetze erlassen, die der Sicherheit der Luftfahrer dienen und die allerdings auch Einschränkungen für den Einzelnen mit sich bringen. Sie regeln z. B. die „Vorfahrt" im Luftraum, die folgendermaßen aussieht: Luftfahrzeuge, die sich im Gegenflug einander nähern, weichen beide nach rechts aus, beim Kreuzen gilt rechts vor links, das höher fliegende Luftfahrzeug muß dem tiefer fliegenden ausweichen. Ein genaues Eingehen auf alle Bestimmungen würde den Rahmen dieses Buches sprengen. Es sei daher das Studium der „Gesetzessammlung für Fallschirmsport" (s. Literaturnachweis) empfohlen, in der alle Gesetzestexte, Verordnungen, Richtlinien und Erlasse über den Fallschirmsport in der BRD zusammengefaßt sind.

Vom Abschnitt Meteorologie muß der Springer meines Erachtens im Moment noch einiges lernen, was für ihn wirklich überflüssig ist. Wir beschränken uns hier auf das Wesentliche. Er muß wissen, daß die Temperatur mit zunehmender Höhe abnimmt. Als ausreichende Faustformel gilt: pro 100 Meter 0,7 °C abziehen. Wenn man z. B. im Sommer bei einer Bodentemperatur von 25 °C einen Sprung aus 4000 m Höhe machen will, muß man wissen, daß dort oben etwa $25 - 40 \cdot 0{,}7 = -3$ °C herrschen und seine Kleidung dementsprechend wählen. Nur wenige Springer wird interessieren, daß die Temperatur in 11 bis 45 km Höhe gleichmäßig bei -50 bis -60 °C liegt, ganz abgesehen von den Luftschichten und Temperaturen darüber.

Genau wie die Temperatur nimmt auch die Luftdichte und der Luftdruck mit zunehmender Höhe ab. Aufgrund der geringeren Luftdichte in größerer Höhe (und damit eines geringeren Luftwiderstandes) ist die Fallgeschwindigkeit größer als in Bodennähe. In 5000 m Höhe macht es etwa 20 % mehr aus, in 3000 m etwa 10 %. Öffnet man den Schirm sehr hoch über NN, z. B. bei Sprüngen im Gebirge, wird natürlich auch die Sinkgeschwindigkeit des geöffneten Schirms größer, was bei Zielsprüngen beachtet werden sollte.

Der Luftdruck nimmt mit zunehmender Höhe ebenfalls ab, auf dieser Erkenntnis beruht ja auch die Wirkungsweise der Höhenmesser. Allerdings spielt die Temperatur eine Rolle mit, da sich ja bekanntlich warme Körper (also auch Luft) ausdehnen, kalte jedoch zusammenziehen. Bei hoher Temperatur und somit größerem Druck zeigt der Höhenmesser eine geringere Höhe an, bei niedriger Temperatur eine größere, als tatsächlich vorhanden. Die Abweichungen können immerhin gute 100 m betragen, auch das muß vor dem Sprung einkalkuliert werden.

Schließlich nimmt auch der Sauerstoffgehalt mit zunehmender Höhe ab. Bei Sprüngen aus über 5000 m Höhe muß deshalb ein Sauerstoffgerät mitgeführt werden! Die persönliche Reaktion auf Sauerstoffmangel ist sehr unterschiedlich, er kann jedoch zu starker Abminderung der Reaktionsfähigkeit führen und für den Springer katastrophale Folgen haben.

Der Wind ist der größte Angstgegner der Fallschirmsportler, der schon viele Sprünge verhindert und viele sportliche Hoffnungen hinweggeblasen hat. Bei Schülerabsprüngen sollte die Windgeschwindigkeit am Boden nicht mehr als 5 m/s betragen, beim Zielspringen sind 7 m/s, beim Stil- und Relativspringen 8 m/s zugelassen. Erfahrene Springer können mit Hochleistungsschirmen auch noch bis zu 10 m/s und knapp darüber springen, das Risiko einer Verletzung beim Landen wird jedoch immer größer.

Während eines Sprungbetriebes wird die Windgeschwindigkeit und die Windrichtung laufend durch einen Windgeschwindigkeitsmesser und einen Windsack kontrolliert (siehe Abschnitt „Wettbewerbe").

Im allgemeinen ist der Wind am Boden am schwächsten, nimmt aber schnell zu und nähert sich dann asymtotisch einer Grenzgeschwindigkeit. Beim Zielspringen muß man außer den Horizontalwind auch die Auf- und Abwinde berücksichtigen. Infolge Sonneneinstrahlung erwärmen sich nicht alle Bodenflächen gleichmäßig stark, sondern je nach Reflektion unterschiedlich. Eine große Betonfläche z. B. erwärmt sich stärker als eine Wasserfläche. Die erwärmte Luft steigt auf und saugt kältere hinterher. So entsteht ein Kreislauf, denn in entsprechender Höhe kühlt die wärmere Luft wieder ab und strömt hinter der kälteren Luft her. Diese thermischen Aufwinde (oft vereinfachend Thermik genannt) und Abwinde können dem Springer sehr große Schwierigkeiten bereiten. Auch in der Nähe künstlicher oder natürlicher Hindernisse (Häuser bzw. Berge) entstehen Auf- und Abwinde, darum sind auch die Gebirgssprünge so voller Überraschungen. Schließlich sei noch erwähnt, daß vor einer Gewitter- oder allgemeinen Wetterfront eine Warmluftwalze rotiert, die ziemlich plötzlich da sein kann und sehr gefährlich für noch in der Luft befindliche Springer ist. Bei aufziehenden Gewittern muß daher der Sprungbetrieb eingestellt werden!

Wolken stören meist auch die Kreise der Springer. Durch eine geschlossene Wolkendecke darf er nicht springen. Entweder springt er unterhalb der Wolkendecke ab oder aber er muß das Springen ganz sein lassen, wenn diese Wolkendecke nicht mindestens 600 m hoch ist. Sind genügend Lücken vorhanden, um über die Wolkendecke zu fliegen, muß mindestens beim Absprung ausreichende Bodensicht bestehen. Den „Sprung aus den Wolken" gibt es nur im Fernsehen, in Wirklichkeit ist er sehr gefährlich, da man nie weiß, was in oder unter der Wolke steckt. Vor einigen Jahren wurden 19 amerikanische Springer über einer dichten Wolkendecke in 6000 m Höhe mit Radar abgesetzt. Aus ungeklärter Ursache befand sich die Maschine jedoch noch nicht über dem vorgeschriebenen Zielgebiet, sondern über dem Erie-See; 17 von ihnen bezahlten Irrtum und Verstoß gegen die Sicherheitsvorschriften mit dem Tod.

Die weiteren Abschnitte der theoretischen Ausbildung werden in anderen Kapiteln behandelt.

Jeder Springer packt grundsätzlich seinen Schirm selbst. Eine Packplane oder Gras reicht als Packfläche aus, besser ist ein Packtisch.

Das Packen des Fallschirms

Jeder Fallschirmsportler packt seinen Schirm grundsätzlich selbst. Auch dem absoluten Fallschirmlaien wird einleuchten, daß sorgfältiges Packen durch eine noch so gute Lebensversicherung nicht ersetzt werden kann. Daher nimmt die Packausbildung einen breiten Raum ein.

Zunächst wird der Schirm auf einen glatten, 12 m langen und 2 m breiten Packtisch oder einer Packplane am Boden ausgelegt. Bei der Landung und beim anschließenden vorläufigen Zusammenlegen des Schirms kann es vorkommen, daß die Kappe sich umdreht, die Innenseite kommt nach außen und umgekehrt. Dieser Zustand wird mit „Kappendurchschlag" bezeichnet. Er wird dadurch beseitigt, daß der Scheitel durch das Innere der Kappe gezogen wird. Der Scheitel wird dann an einem Festpunkt eingehakt.

Nun muß kontrolliert werden, ob die Fangleinen einwandfrei verlaufen. Einwandfrei bedeutet, von den D-Verbindungsstücken an den Haupttragegurten bis zur Basis frei, ohne Verdrehungen, Verwirrungen oder Verknotungen (letztere kommen eigentlich nur in den Witzen der Kameraden vor).

Gemeinsame Verdrehungen beider Fangleinenbündel werden durch Gegendrehungen des Gurtzeugs um die Längsachse beseitigt, Verdrehungen der Fangleinenbündel in sich, durch Gegendrehung des Gurtzeugs um die Querachse, und zwar zwischen den beiden Fangleinenbündel. Verläuft ein Fangleinenbündel durch das andere, müssen oben und unten verlaufende Fangleinen auseinandergehalten und das Gurtzeug vollständig durchgesteckt werden. Schließlich wird auch das Gurtzeug auf korrekte Lage überprüft und der Fallschirm mit Hilfe einer Spannvorrichtung gespannt.

Die in der BRD für Anfänger noch viel verwendeten Kohnke-Dreieckfallschirme werden nicht gespannt.

Blickt man bei einem Rundkappenfallschirm, der 28 Bahnen hat, vom Gurtzeug in Richtung Basis, verlaufen die Fangleinen von der Mitte oben links Nr. 1 im Gegenuhrzeigersinn zur Mitte oben rechts. Nr. 28. Hochleistungsfallschirme haben in der Regel nur 24 Bahnen, der Verlauf ist der gleiche. Auf den Abbildungen wird das Packen an verschiedenen Hochleistungsfallschirmen demonstriert, das Prinzip ist bei allen gleich.

Man nimmt die Fangleine Nr. 12 (also Mitte unten links), geht an ihr bis zur Basis hoch und zieht die Bahn 12 heraus. Eine Bahn nach der anderen wird herausgezogen, und über die vorige gelegt. Das ganze Bahnenpaket wird nach links abgelegt — die letzte Bahn liegt unten — und halbiert. Auf jeder Seite werden die Bahnen jetzt einzeln sorgfältig gelegt, insbesondere die Basis. Danach erfolgt die „Fangleinenkontrolle". Die beiden mittleren Fangleinen oben (Nr. 1 und 24) müssen frei zu den Bahnen 1 und 24 verlaufen (die Bahnen sind numeriert), die beiden mittleren unten (12 und 13) zu den Bahnen 12 und 13. Die Kappe wird nocheinmal in Längsrichtung in den Drittelpunkten

... und Fallschirmkappe in S-Schlägen „auf den Arm"
genommen und zum Packplatz getragen.

  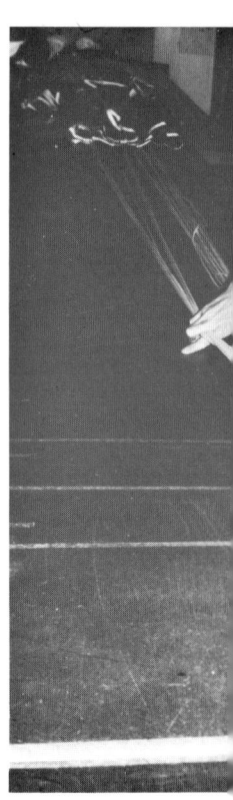

Die Scheitelleinen werden geordnet, der Packschlauch drübergestreift und der Scheitel eingehängt.

Der Schirm wird ausgelegt, die Fangleinen werden auf
einwandfreien Verlauf überprüft.

Hier stimmt was nich
sind miteinande

Der Schirm wird gespannt. Ein hübsches Mädchen
eignet sich besser als eine richtige Spannvorrichtung.

Mit der Fangleine 12 beginnt das Packen.

Bahn für Bahn wird passiert ...

 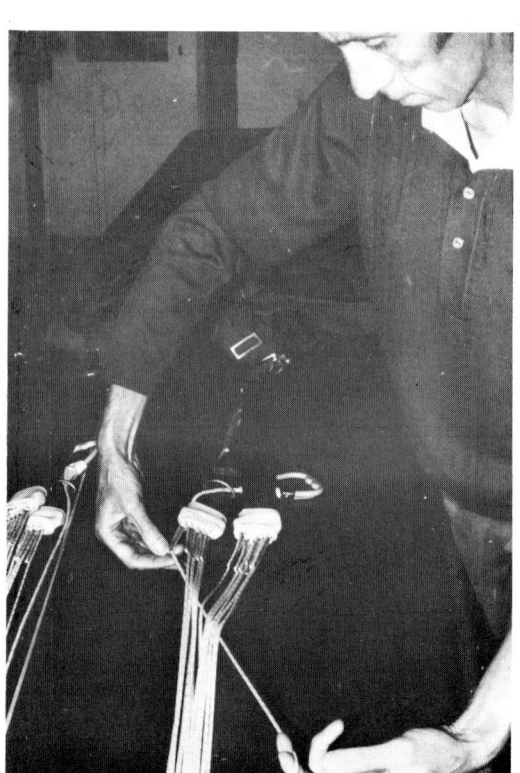 

 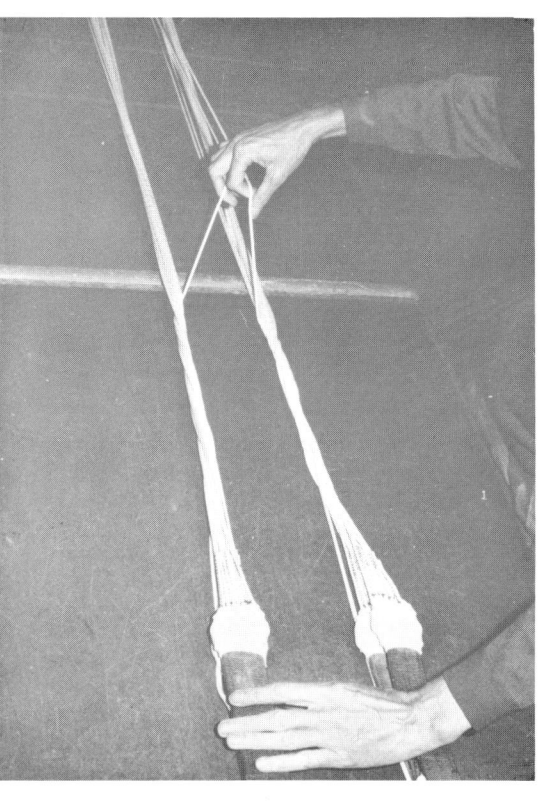 

Beide Fangleinenbündel verdreht.

Verdrehungen der Fangleinenbündel in sich.

Ein Fangleinenbündel hat sich durch das andere verirrt.

das Bahnenpaket nach links abgelegt ...

... und halbiert. Jede Bahn wird sorgfältig gelegt.

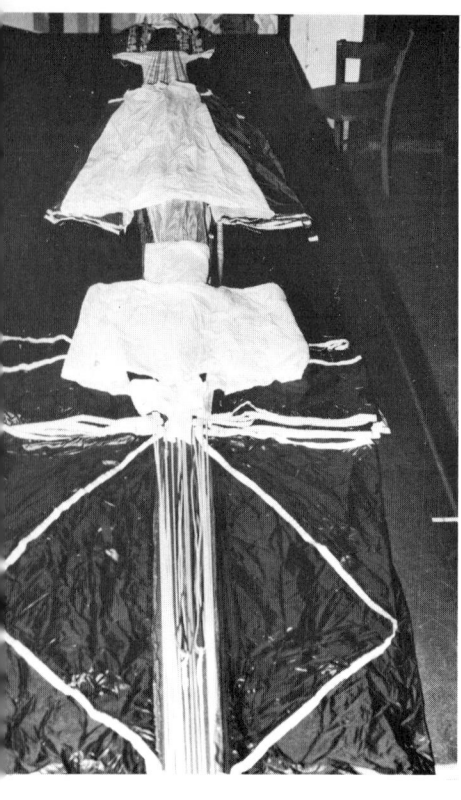

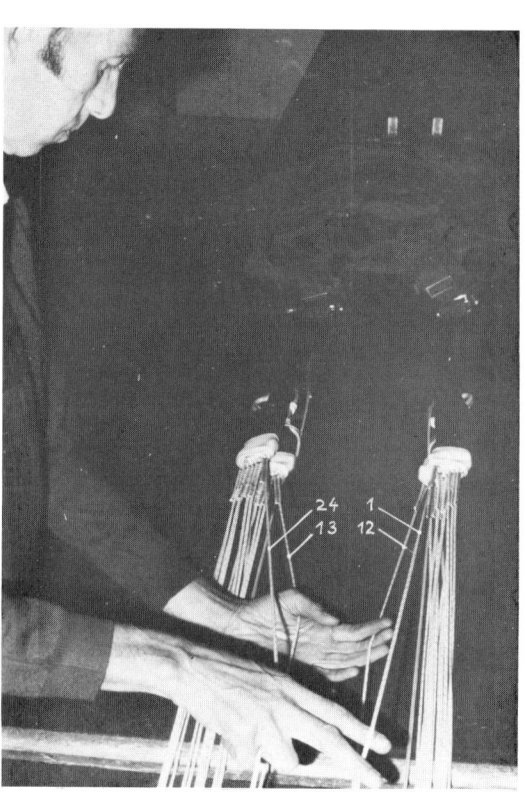

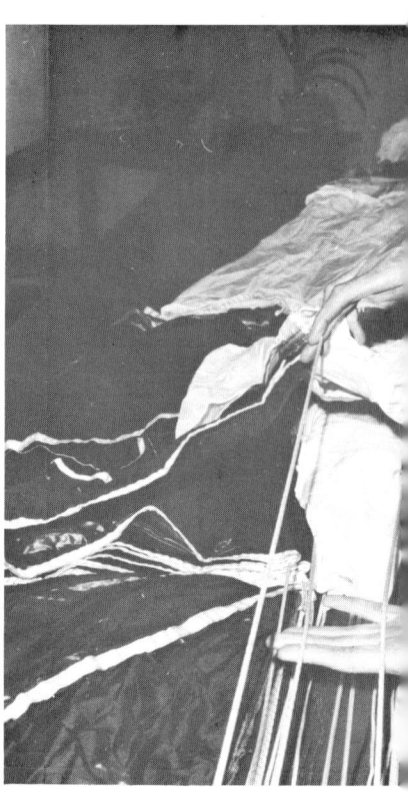

Ideal sieht es so aus, die oberste Bahn liegt mittig.

Fangleinenkontrolle. Fangleinen 1 und 24 sowie 12 und 13 müssen direkt ...

... zu den Bahnen 1 und 24 sowie 12

Der Packschlauch wird überzogen ...

... und seine Klappe durch die ersten beiden Fangleinenschläge verschlossen (das Bild zeigt nur den ersten Schlag).

Die Fangleinen werden in die

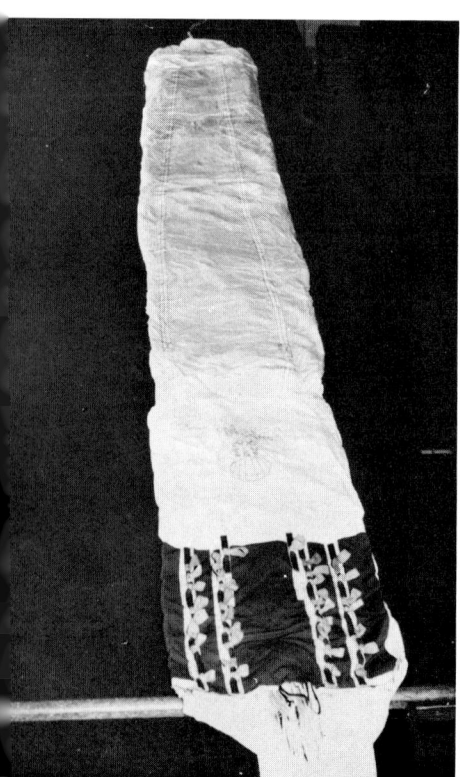

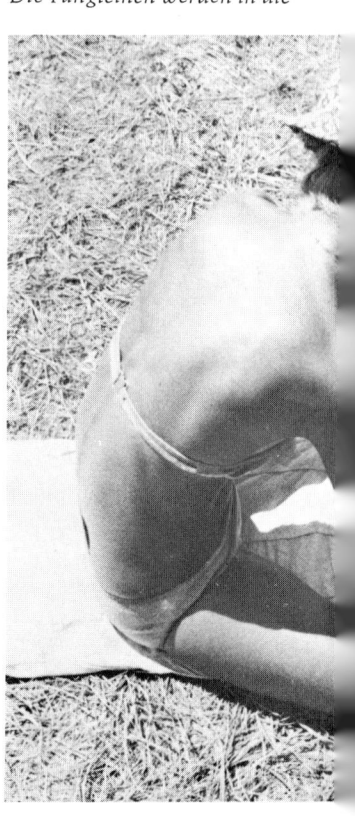

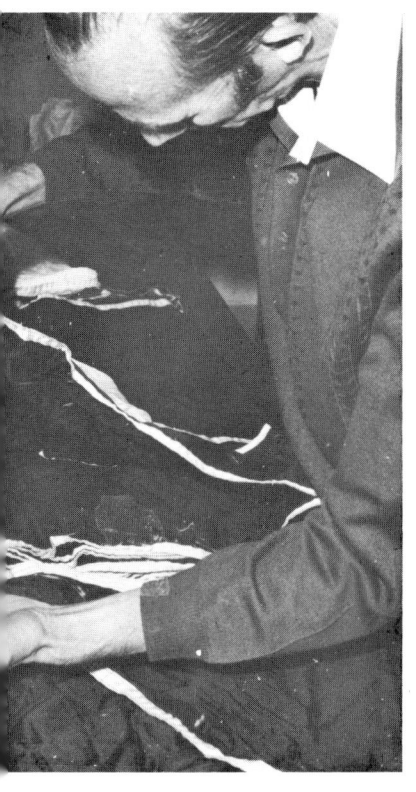

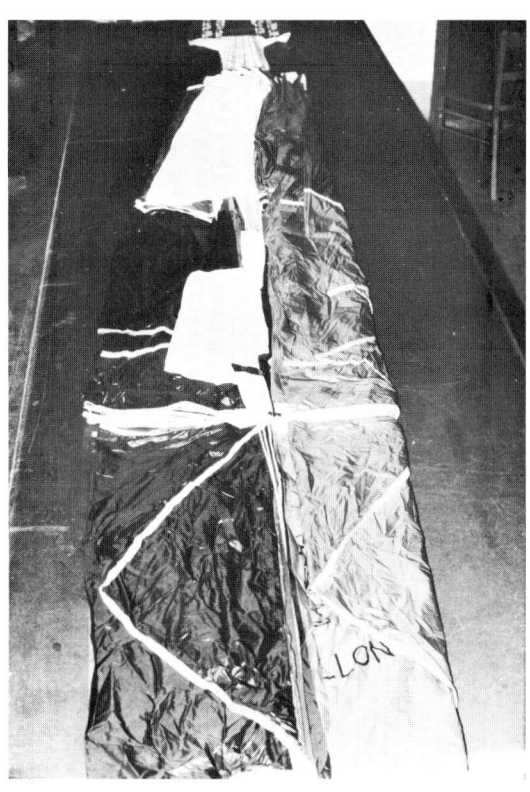

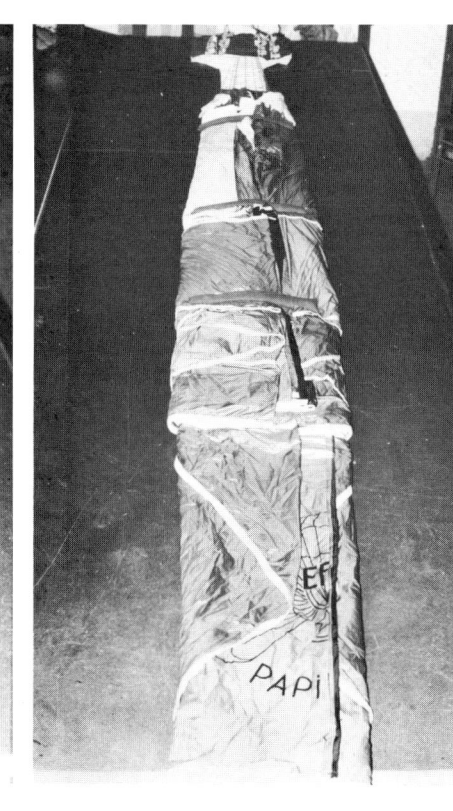

und 13 führen.

Die Kappe wird in Längsrichtung in den Drittel-punkten zusammengelegt.

Bleibeutel halten sie in „Form".

Packgummis eingeschlauft.

Haupttragegurte und Kappe werden in die Packhülle gelegt.

Die gesamte Kappe ist in S-Schlägen zusammengelegt.

Die Verschlußklappen der Packhülle werden geschlossen.

Nicht immer geht es so schwer.

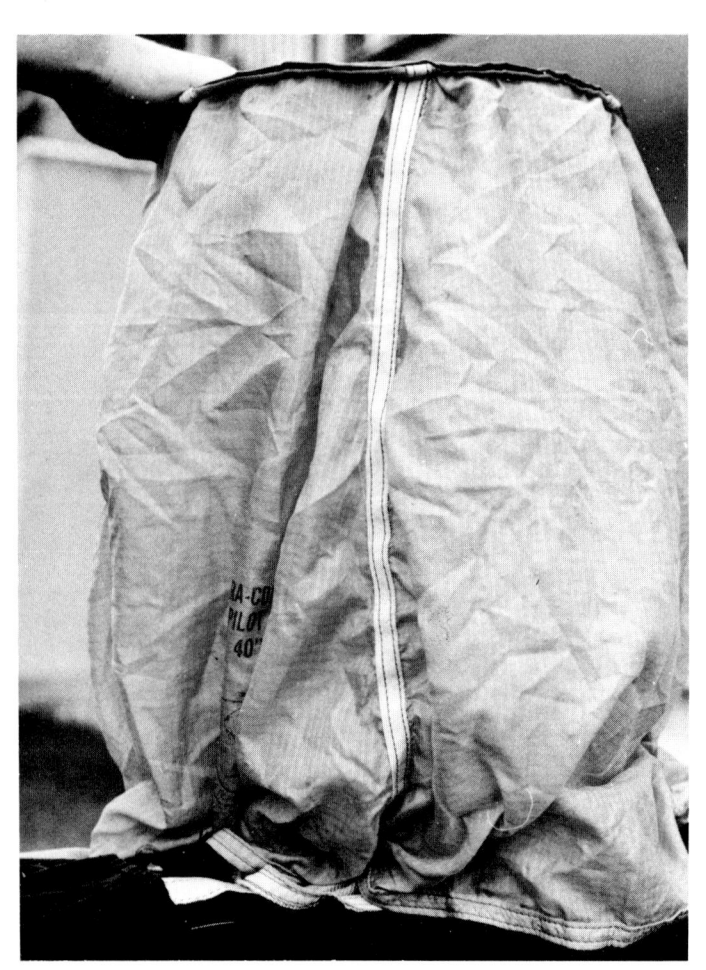

Der Hilfsschirm kommt obendrauf und wird zusammengedrückt. Innen befindet sich eine Spiralfeder.

zusammengelegt. Sie hat so die ungefähre Breite des Packschlauchs, der glatt vom Scheitel zur Basis über die Schirmkappe gezogen wird. Die Spannvorrichtung wird gelöst, mit dem ersten Fangleinenschlag der Packschlauch verschlossen und die restliche Fangleinenlänge s-förmig sorgfältig in die vorgesehenen Gummiringe eingeschlauft. Am Scheitel hält man die Verbindungsleine von Packschlauch und Kappe ebenfalls in einem Gummiring fest. Die Haupttragegurte legt man gleichmäßig in die äußere Packhülle und darüber die Schirmkappe im Packschlauch, über die gesamte Packhüllenlänge in S-Schlägen. Hilfsschirmverbindungsleine und Hilfsschirm werden obenauf gelegt, wobei man die Spiralfeder des Hilfsschirms zusammendrücken muß. Dann werden die Verschlußklappen der Packhülle mit den Stiften des Aufziehkabels verschlossen. Damit beim Öffnen die Packhüllenklappen dem Hilfsschirm sofort den Weg in den Luftstrom freigeben, werden sie mit Gummizügen zurückgezogen, die man erst vor einem Sprung bei einer letzten Kontrolle des gesamten Pakets einhakt.

Mit geringfügigen Änderungen werden fast alle Fallschirmtypen in gleicher Weise gepackt. Jeder Typ besitzt allerdings ein eigenes, zu beachtendes Handbuch mit genauen Packvorschriften. Die obige Beschreibung gilt für einen manuellen Fallschirm. Bei automatischen Fallschirmen kommt die Kappe nicht in den Packschlauch sondern in einen inneren Verpackungssack. Einen Hilfsschirm gibt es nicht; letzte Tätigkeit ist das Einschlaufen der Aufziehleine.

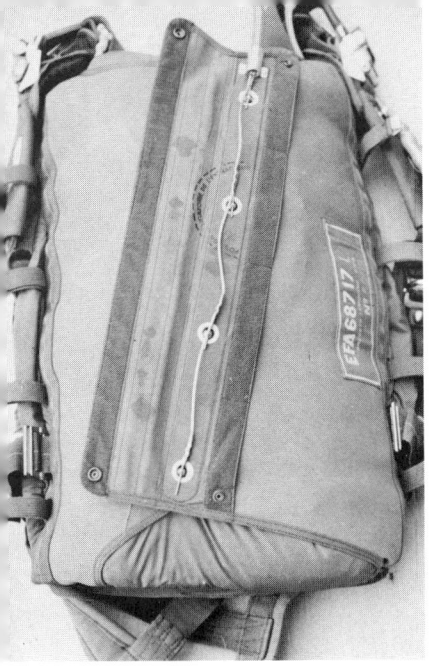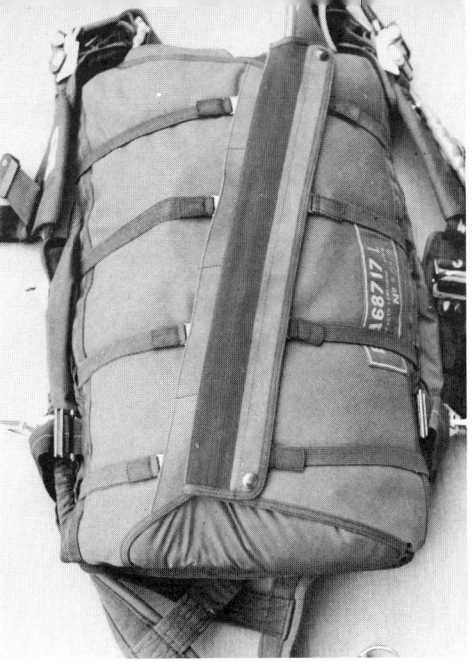

| Alle Stifte stecken in den Verschlußkegeln (Papillon). | Die Gummizüge sind eingehängt, die Schutzklappe ist geschlossen (Papillon). | Die Verschlußart des Para Commander gleicht im Prinzip der des Papillon. |

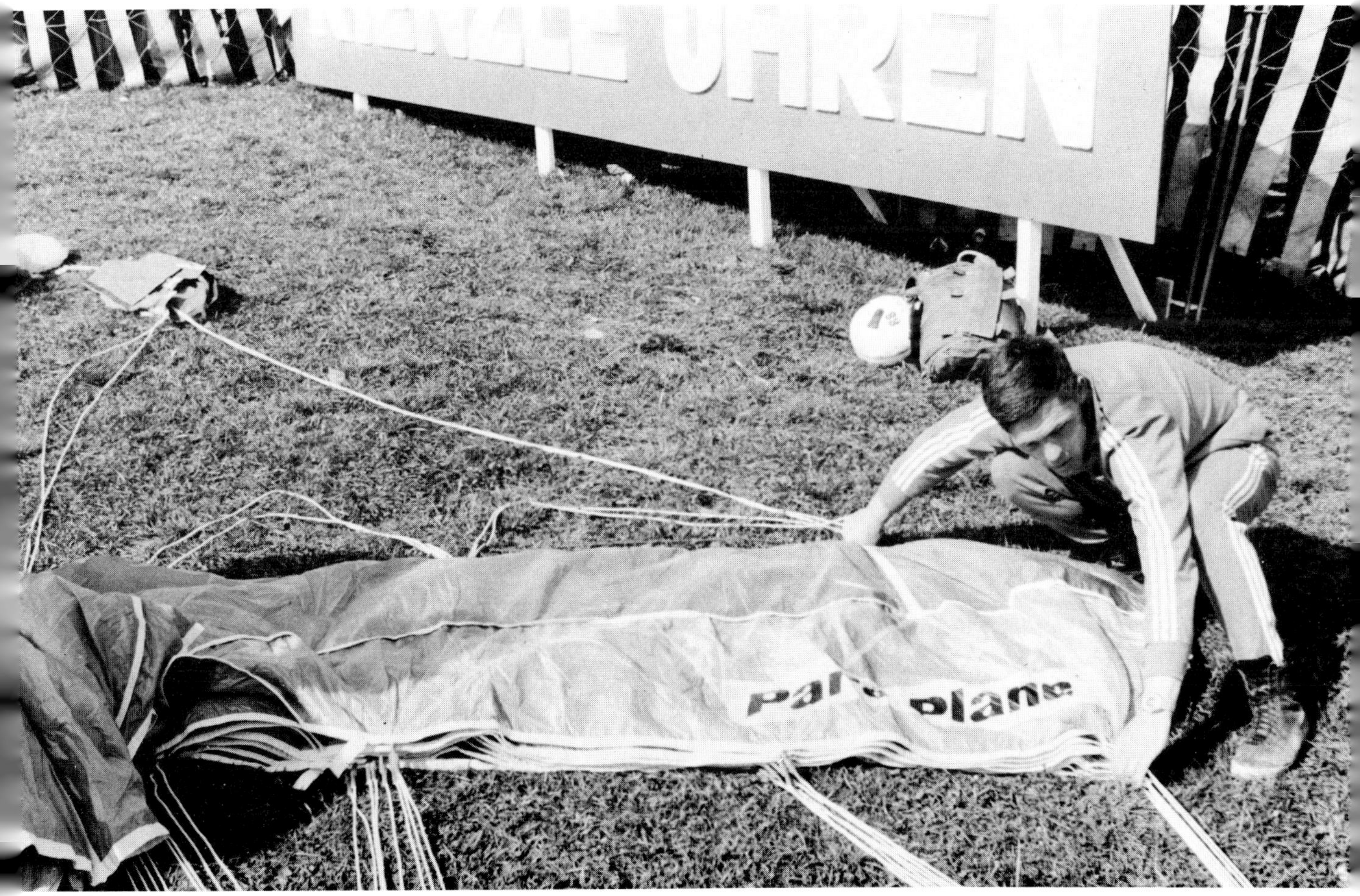

Ganz anders wird der Para Plane gepackt. Die Kappe wird breit und flach ausgebreitet und dann ziehharmonikaartig zusammengelegt. Anstelle des Packschlauchs tritt eine kurze Packhülle.

... die Körperseite bildet ...   ①

Landung und Landefall

Die Rückkehr zur Erde per Fallschirm hat einen kritischen Punkt: der Moment der unmittelbaren Bodenberührung. Die meisten Schirme haben eine Sinkgeschwindigkeit (Vertikalgeschwindigkeit) von 4—5 m/s. Nur sehr selten jedoch ist die Sinkgeschwindigkeit auch gleich der Landegeschwindigkeit, dann nämlich, wenn kein Wind ist. Kommt eine horizontale Geschwindigkeitskomponente infolge Wind hinzu, ist die Landegeschwindigkeit die Resultierende aus beiden Komponenten und natürlich größer als sie. Schließlich haben auch die meisten Übungsfallschirme einen Eigen-Vortrieb, abgesehen von den seltenen Schirmen ohne Schlitz. Je nach Stellung des Schlitzes und somit Wirkung des Eigenvortriebs — gegen oder mit Wind — kommt auch diese Komponente noch hinzu.

Beispiel:

> Sinkgeschwindigkeit 4 m/s, Windgeschwindigkeit 3 m/s, Eigenvortrieb 2 m/s.

(links oben) Der Körper „hängt" aufrecht im Gurtzeug.

(links mitte) Die Fußballen berühren den Boden zuerst, die Knie sind leicht angewinkelt.

(links unten) Bei Bodenberührung werden die Knie seitlich herausgedrückt ...

Gesäß ...   ④

... einen Bogen ... ②

... auf dem der Springer abrollt. ③

Die Landegeschwindigkeit bei Schlitzstellung mit Wind

$$\sqrt{4^2 + (3 + 2)^2} = 6,4 \text{ m/s},$$

gegen den Wind

$$\sqrt{4^2 + (3 - 2)^2} = 4,1 \text{ m/s}.$$

Durch den Landefall soll die kinetische Energie beim Herabschweben möglichst elegant vernichtet werden. Daran beteiligen sich verschiedene Teile des Körpers.
Der Springer berührt den Boden mit den Fußballen zuerst, der Körper hängt aufrecht im Gurtzeug, die Beine sind leicht angewinkelt, Knie geschlossen, Arme angewinkelt. Im Moment der Berührung werden die Knie geschlossen zur Fallseite nach außen gedrückt und der Springer rollt über Unterschenkel, Oberschenkel, Gesäß, Schulterpartie ab und wirft dann die Beine um 180° zur gegenüberliegenden Seite. Dieser Landefall wird in vier Variationen geübt: rechts, links, vorwärts, rückwärts. Beim Landefall vorwärts und rückwärts kommt hinzu, daß der Oberkörper einschließlich Hüfte im Moment der ersten Bodenberührung blitzschnell um 90° (rechts oder links herum) nach vorn oder hinten gedreht wird. Wie schon erwähnt macht der Landefall rückwärts den meisten Springern Schwierigkeiten und artet oft

in eine Dreipunkt-Landung (Füße-Hinterteil-Kopf) aus. Gerade diesen Landefall aber benötigt man selbst noch bei Hochleistungsfallschirmen. Bei sehr starkem Wind wird auch dieser rückwärts getrieben. Eine leichte Drehung der Kappe zur Seite vereinfacht jedoch den Landefall.

Am Anfang der Ausbildung werden die verschiedenen Landefälle am Boden geübt, später dann realistischer durch Abspringen von einer erhöhten Plattform.

Nach dem Landefall muß der Springer — besonders bei stärkerem Wind — blitzschnell aufstehen und die Kappe umlaufen, die dann zusammenfällt. Geschieht das Aufstehen nicht schnell genug, bläht der Wind die Kappe sofort wieder auf, und er treibt die Kappe samt Spriger mehr oder weniger schnell über den Boden. Das Aufstehen während des „Schleifens" ist natürlich nicht mehr ganz so einfach, jedoch durch eine Schulterrolle möglich. Bei starkem Wind kann das Schleifen über den Boden sehr gefährlich werden! Schafft man das Aufstehen nicht, gibt es mehrere Möglichkeiten, die Kappe zum Zusammenfallen zu bringen: entweder öffnet man ein Kappentrennschloß (deswegen wurden sie übrigens erfunden), man zieht an einer Fangleine die Kappe aus dem Wind (nur mit Handschuhen!) oder man zieht kräftig eine Steuerleine durch.

... und Herumwerfen der Beine. Der Kopf bleibt stets dem Boden fern! ⑥

... Schulterpartie ... ⑤

Die Bewegungsenergie ist vernichtet.

Jetzt heißt es: Schnell aufstehen!

Die falsche und gefährliche Dreipunkt-Landung: Füße

Die gröbsten Fehler:

Landung auf den Hacken, der Körper ist völlig steif.

Die Füße sind nicht zusammen und in unterschiedlicher Höhe. Ein Fuß wird zu stark belastet, Bruchgefahr!

... Gesäß ...

... und Kopf.

Knie zu stark nach vorn gedrückt und ...

... Abstützen mit dem Ellenbogen können ebenfalls Ursache für gefährliche Verletzungen sein.

Wer bei starkem Wind nach dem Landefall nicht schnell genug aufsteht, riskiert daß ihn die Kappe über den Boden schleift.

Hoppla, was ist denn das?

(ganz rechts) Es ist zum Verzweifeln — ich lern' es nie!

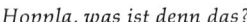

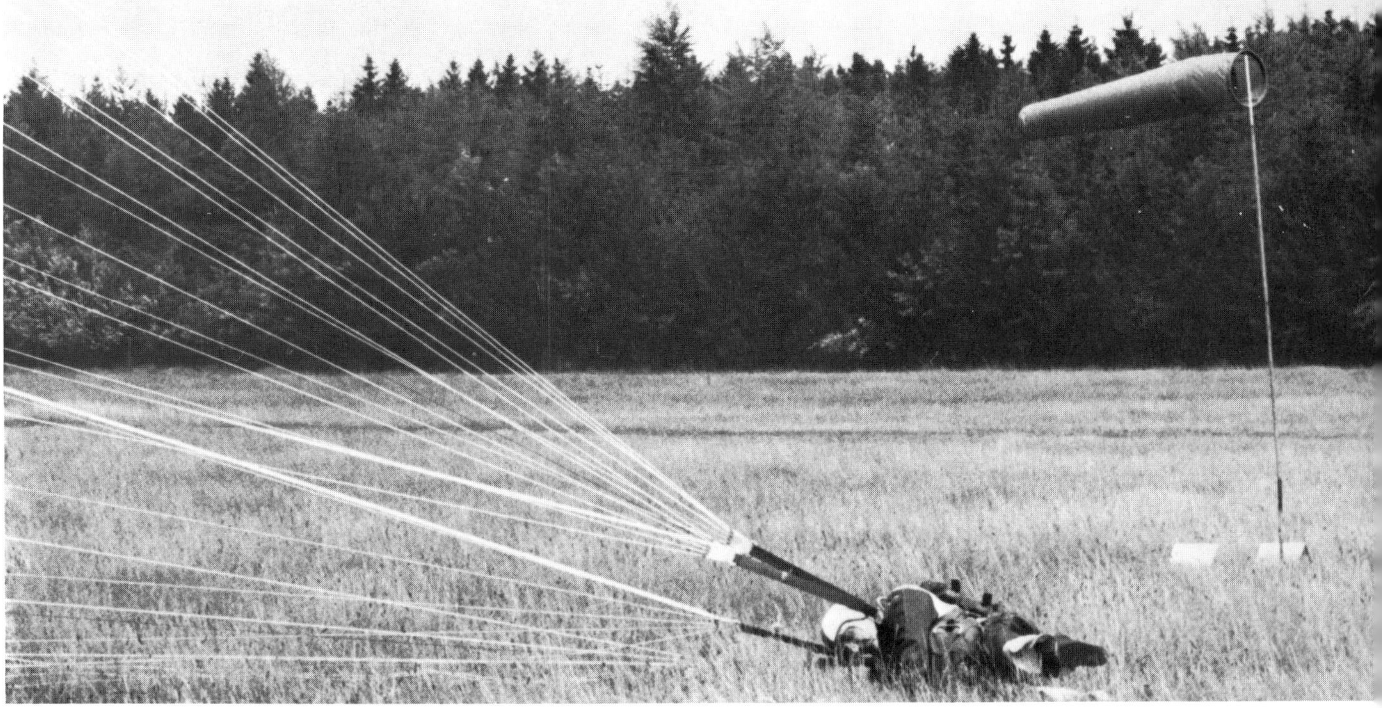

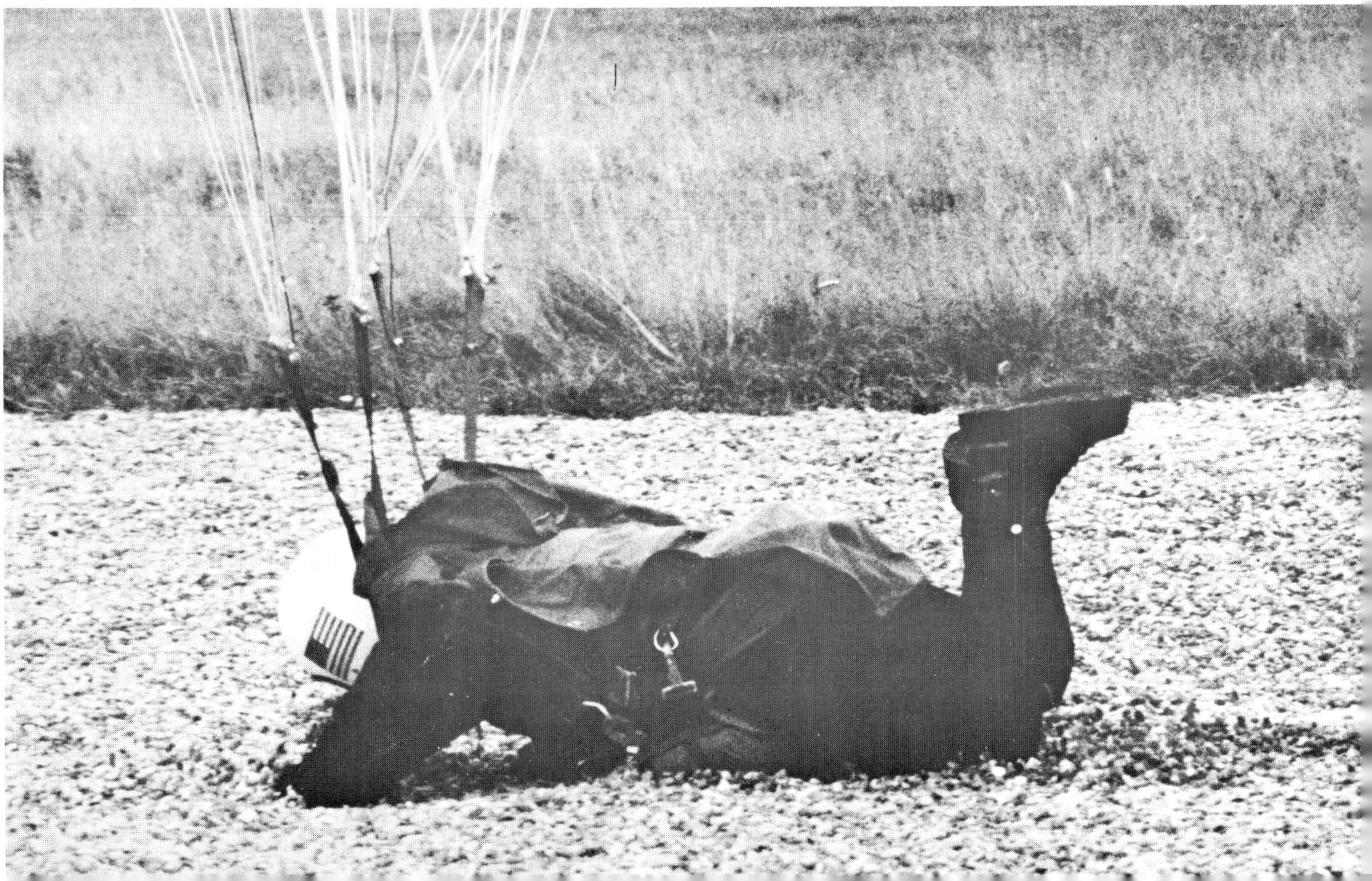

Automatischer Absprung. Die Aufziehleine hat bereits den inneren Verpackungssack aus dem äußeren gezogen, die Fangleinen werden ausgeschlauft.

Der automatische Absprung

Dann ist es soweit: Schirm anlegen zum ersten automatischen Absprung!

Wohl jeder, der vor dem ersten Sprung steht, hegt irgendwelche besonderen Empfindungen, ob man sie nun mit Angst, Beklommenheit, Neugierde oder wohl am zutreffendsten als Mischung aus diesen Faktoren bezeichnet. Schließlich ist der Sprung aus einem Flugzeug kein Aussteigen aus einer Straßenbahn, sondern eine Sache, die einem Menschen instinktiv eigentlich widerstrebt. Dieses Widerstreben zu unterdrücken, oder drastischer ausgedrückt, „den inneren Schweinehund zu bekämpfen", ist sicher einer der vielen Gründe, weswegen Menschen aus Flugzeugen springen.

Zu tun hat der Springer beim ersten Sprung wenig. Der Sprunglehrer hat die Aufziehleine im Flugzeug eingehakt oder angebunden und begleitet ihn auch, um ihn an der richtigen Stelle abzusetzen. Hat das Flugzeug die Absetz-höhe von 600 m erreicht, gibt er dem Schüler rechtzeitig ein Zeichen zum Fertigmachen, der Pilot nimmt das Gas etwas weg, um die Geschwindigkeit zu reduzieren. Der Schüler klettert aus der Maschine und stellt sich auf Trittbrett und Rad des Fahrwerks. Mit beiden Händen hält er sich an der Tragflächenstrebe fest. Er blickt in Flugrichtung. Der Sprunglehrer paßt auf, daß die Aufziehleine frei vom Fallschirm ins Flugzeug verläuft und nicht etwa vom Schüler aus Versehen „liebevoll" unter den Arm genommen wird, das kann sehr schmerzhaft sein. Der Absetzpunkt ist erreicht, ein letztes Zeichen des Lehrers und der Schüler stößt sich nach hinten ins Leere. Die Arme sind seitlich und die Beine schräg nach hinten gestreckt, der Springer nimmt den Kopf in den Nacken und macht ein Hohlkreuz. Diese Absprung-haltung gilt z. B. für den PTCH-C. Bei anderen Fallschirmtypen, z. B. beim Kohnke-Dreieckfallschirm sieht die Haltung leider fast umgekehrt aus, also: Absprung nach hinten

(Rücken zur Flugrichtung), Körper eingeknickt, Kopf auf der Brust, Beine zusammen, Hände vor dem Reservegerät, Ellbogen am Körper. Diese Haltung erfordert später beim Übergang zum manuellen Springen eine totale Umstellung des Springers auf die Haltung, die zuerst beschrieben wurde. Ein Absprung in einer anderen Haltung als für den Schirm vorgesehen würde aber Beschädigungen des Gerätes mit sich bringen.

Durch den Fall des Körpers wird die Aufziehleine ausgeschlauft und gestreckt. Sie zieht die äußere Packhülle auf und die innere Packhülle mit der Kappe heraus. Die Fangleinen werden ausgeschlauft und gestreckt, und schließlich wird auch die Kappe gestreckt. Erst jetzt, wenn Springer, Fangleinen, Kappe und Aufziehleine gestreckt am Flugzeug hängen, reißt das Sollbruchband zwischen Aufziehleine und Kappenscheitel. Die Aufziehleine mit der inneren Packhülle bleibt am Flugzeug hängen und wird vom Lehrer eingezogen, die Luft füllt den Schirm. Die Füllung erfolgt von oben nach unten. In der gestreckten Kappe wirkt der Hohlraum in der Mitte als Luftkanal. Die Luft strömt bis zum Scheitel und fängt dort an die Kappe auseinander zu drücken, sie hat zunächst ein birnenförmiges Aussehen. Bevor der Schirm seine endgültige Halbkugel- oder Dreiecksform erreicht, geht die Basis noch mehrmals zusammen und auseinander, sie „atmet".

Dann atmet der Springer auf. Die Spannung ist von ihm abgefallen, das Motorgedröhn verstummt, lautlose Stille ringsumher und über ihm die weiße oder bunte Kappe des Fallschirms, die er sofort auf eventuelle Störungen überprüft. Kein Springer vergißt diesen Moment, in dem er zum erstenmal am Schirm hängt.

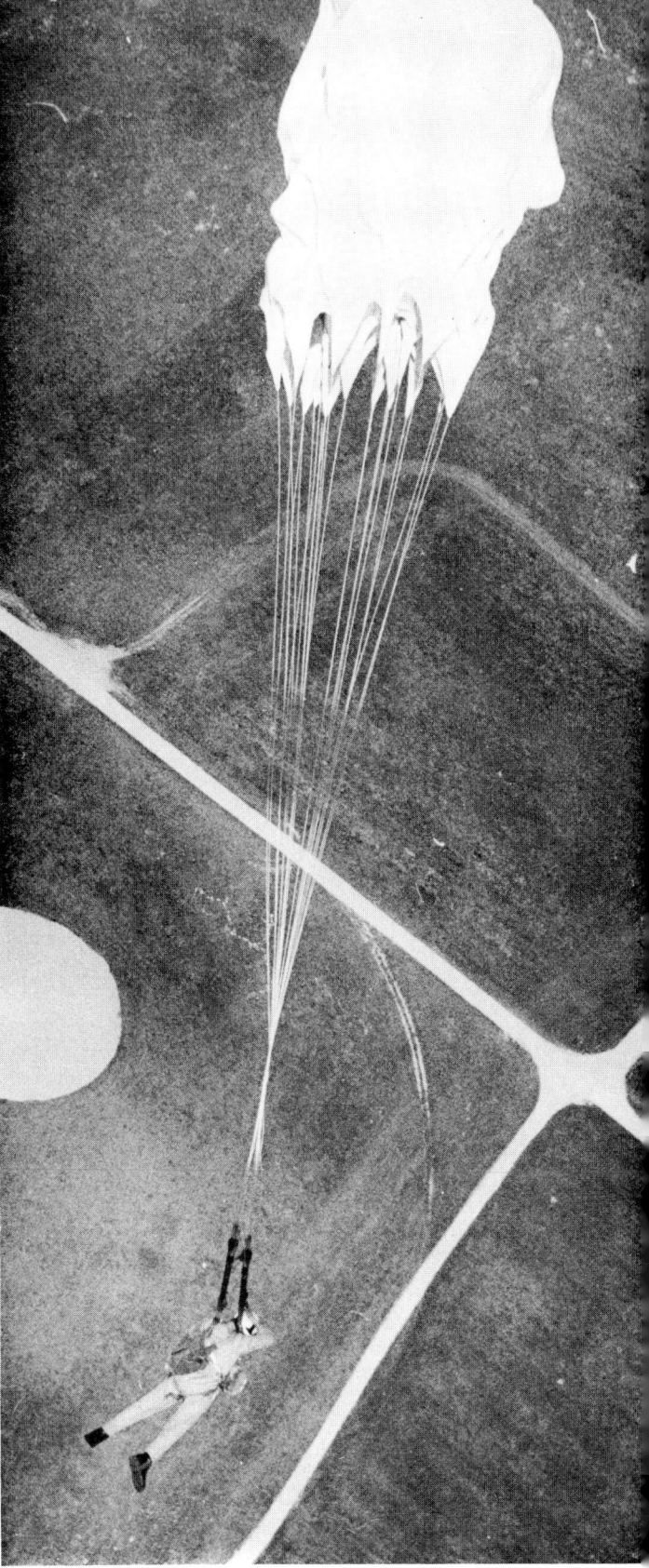

Die Kappe beginnt sich zu füllen. Das Sollbruchband ist bereits gerissen, Aufziehleine und innerer Verpackungssack bleiben am Flugzeug hängen.

Das Steuern des Fallschirms

Während die ersten Sprünge stets Einzelabsprünge sind, werden später zwei oder mehr Springer auf einmal abgesetzt. Daher muß man sich sofort nach dem Überprüfen der Kappe Klarheit darüber verschaffen, wo die anderen Springer sind. Falls sich einer in der Nähe befindet oder gar auf einen zufährt, wird die eigene Kappe weggesteuert, im letzteren Fall nach rechts. Wir gehen einmal davon aus, daß unser Schirm Steuerschlitze und Steuerleinen hat.

Die Steuerschlitze befinden sich im Rücken des Springers, er fährt mit seinem Schirm also immer in die Richtung, in die er auch blickt. Will er die Richtung ändern, dreht er die Kappe; rechtsherum durch Herunterziehen der rechten Steuerleine, linksherum umgekehrt.

Der Absetzpunkt liegt auf der Windachse grundsätzlich hinter dem Ziel (gegen die Windrichtung gesehen), so daß der Wind den Fallschirm ins Ziel trägt. Glaubt der Springer sich zu nahe am Ziel, stellt er den Schirm gegen den Wind. Der Vortrieb des Schirms wirkt der Windgeschwindigkeit entgegen und die Relativ-Geschwindigkeit zum Boden nimmt entsprechend ab. Nachteil dieser extremen Stellung ist jedoch, daß man das Ziel nicht mehr sieht, es liegt im Rücken. Besser ist daher ein „Kreuzen" auf der Windachse, so daß man stets den Zielkreis seitlich beobachten kann. Hierbei muß man aufpassen, daß man sich nicht zuweit von der Windachse entfernt und eventuell im entscheidenden Moment den Weg zurück nicht mehr schafft. Schließlich liegt die Windachse auch nicht festgenagelt da, sie schwankt mehr oder weniger. Außerdem kann die Windgeschwindigkeit in den einzelnen Höhen sehr unterschiedlich sein. Man muß also ständig den Boden und insbesondere den Zielkreis beobachten, Schirmgeschwindigkeit und Entfernung zum Ziel abschätzen, um so eine genaue Ziellandung zu machen. Der Anfänger sollte im allgemeinen in 100 m Höhe seinen Schirm gegen den Wind stellen und diese Position bis zur Landung beibehalten, insbesondere bei starkem Wind. Landet er mit Wind, ist die Landegeschwindigkeit sehr groß und eine Verletzungsgefahr bei der relativen Unerfahrenheit ebenso groß. Bei weniger Wind oder mit schon größerer Erfahrung kann er auch mit Wind landen, aber besser nur, wenn er den weichen Zielkreis erreicht. Außerhalb des Zielkreises landet ein guter Springer immer gegen den Wind, es kommt dann ja auch nicht auf den Zentimeter an. Bei der Landung gegen den Wind kann es vorkommen, daß Windgeschwindigkeit und Schirmvortrieb sich aufheben, die Landegeschwindigkeit ist also gleich der Sinkgeschwindigkeit. Fortgeschrittene Springer machen in solchen oder ähnlichen Situationen eine „stehende Landung", sie ersparen sich den Landefall. Der Anfänger sollte sie aber nicht mit Gewalt anstreben, er kann sich dabei schnell verletzen. Eines Tages ergibt sie sich von selbst.

Ob das noch gut geht? Eine Landung in einem alten, knorrigen Baum ist zumindest äußerst unangenehm.

Kritische Situationen

Eigentlich gehört dieses Kapitel vor das Kapitel, das den ersten Sprung behandelt, denn natürlich kann der Springer dabei bereits in eine kritische Situation kommen. Da er jedoch immer von einem Lehrer abgesetzt wird, sind zumindest Schwierigkeiten durch einen gefährlichen Landeplatz sehr selten. Später, wenn der Springer die Lizenz erworben

Diese Baumlandung verlief offenbar recht glimpflich.

Eine Baumlandung sieht meist gefährlicher aus als sie in Wirklichkeit ist. In einer hohen, alten und knorrigen Eiche kann sie jedoch sehr unangenehm sein. Läßt sich die Landung in einem Baum jedoch nicht vermeiden, müssen unbedingt die Füße fest zusammengepreßt werden, damit man sich nicht unversehens rittlings und mit großen Schmerzen auf einem dicken Ast wiederfindet. Die Ellenbogen werden vor dem Körper fest zusammengepreßt und die Hände zum Schutz vor das Gesicht gehalten. Das Anpressen der Ellenbogen ist sehr wichtig, da sonst die Gefahr von Verrenkungen und Brüchen der Arme besteht. Während des Durchfallens durch die Äste sollte man nicht versuchen, irgendwelche Äste oder Zweige zu greifen und sich daran festzuhalten, das schafft man doch nicht. Besser ist es abzuwarten, bis man leicht pendelnd zum Stopp kommt. Falls es möglich ist, vorsichtig aus dem Gurtzeug befreien und am Baum herunterklettern, eventuell auch an dem geöffneten Reservegerät. Im Zweifelsfall jedoch lieber auf die sicher feixenden, mit einer Leiter bewaffneten Kameraden oder — wenn's sein muß — auch auf die Feuerwehr warten. Das Bergen des Schirms ist sehr mühselig, kann Stunden dauern und ist nicht ganz ungefährlich. Es ist passiert, daß der Springer die Baumlandung zwar unbeschadet überstanden hatte, aber beim Schirmbergen vom Baum fiel und sich einen Knochen brach!

Weit gefährlicher als eine Baumlandung ist die Landung in einer Hochspannungsleitung. Zum Glück ist sie bei uns sehr selten, in Amerika kommt sie merkwürdigerweise häufiger vor.

Das vorhergesehene Zielgebiet sollte mindestens einen Kilometer von einer Hochspannungsleitung entfernt sein, sonst ist es besser, auf den Sprung zu verzichten. Hängt man schon am Schirm und sieht die Gefahr, muß man sofort wegsteuern, und zwar konsequent: entweder zu einer Seite oder aber zur anderen, nicht jedoch einmal so, dann wieder zweifeln und zurück usw., das hat mit großer Wahrscheinlichkeit zur Folge, daß man genau in die Mitte trifft! Das konsequente Wegsteuern gilt natürlich auch für alle anderen Hindernisse.

Kommt man trotz aller Versuche, in die Hochspannungsleitung, so sollte man versuchen, nur ein Kabel zu berühren, also Arme möglichst eng zusammen nach oben oder unten gestreckt. Hat man aber gleichzeitig Kontakt zu einem zweiten Kabel, fließt der Strom wegen der herrschenden Spannungunterschiede, um sie auszugleichen. Der Springer zieht sich dabei schwere Verbrennungen zu, die meist tödlich sind. Auch eine Erdberührung hat einen Stromfluß zur Folge und das gleiche Ergebnis.

Ein Sprung ins Wasser an einem heißen Sommertag kann etwas Herrliches sein, auch oder besonders mit einem Fallschirm. Ist der Sprung richtig vorbereitet und sind die erforderlichen Sicherheitsmaßnahmen getroffen, wird das Vergnügen völlig ungefährlich sein. Sehr gefährlich kann jedoch

hat, aber immer noch relativ unerfahren ist, kann es jedoch passieren, daß er durch falsches Absetzen nicht da hinkommt, wo er eigentlich hin will, trotz des steuerbaren Fallschirms. Im übrigen können bei Notabsprüngen alle Situationen auch auf einen erfahrenen Springer zukommen.

(oben) *Woher kommt denn die Beule?*

(rechts) *Bei einer Wasserung — ob gewollt oder ungewollt — das Gurtzeug rechtzeitig öffnen und . . .*

ein ungewollter Wassersprung werden. In der BRD allein sind dabei bereits drei Springer ertrunken, ganz zu schweigen von der schon erwähnten Katastrophe am Erie-See, bei der 17 Springer auf einmal ertranken.

Nichtschwimmer sollten in Wassernähe grundsätzlich überhaupt nicht springen, wenn die Gefahr einer Wasserlandung besteht (ungünstige Windrichtung und starker Wind). Schwimmer sollten eine Schwimmweste o. ä. zur Sicherheit benutzen. Stellt man fest, daß man den Weg zum Ufer nicht mehr ganz schafft, muß die Wasserlandung vorbereitet werden, unabhängig davon sollte man jedoch den Schirm während der ganzen Zeit so dicht wie möglich ans Ufer steuern. Wichtig ist es, erst einmal das Reservegerät soweit zu lösen, daß es nur noch auf einer Seite im D-Verbindungsstück festhängt. Danach wird der Brustgurt geöffnet. Gelingt es, den Sattel weit über das Gesäß zu

(unten) *. . . im Moment der Wasserberührung aussteigen.*

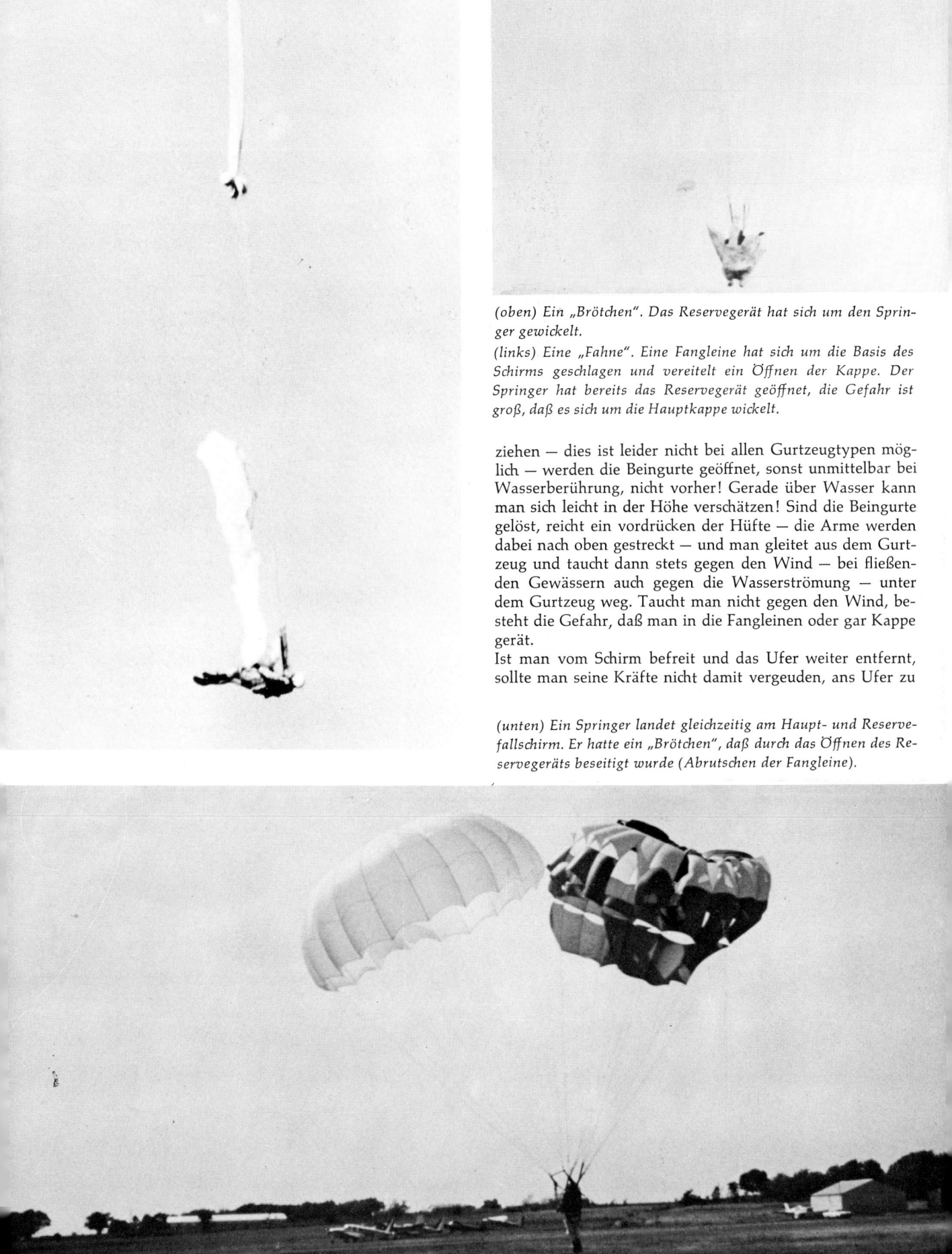

(oben) Ein „Brötchen". Das Reservegerät hat sich um den Springer gewickelt.

(links) Eine „Fahne". Eine Fangleine hat sich um die Basis des Schirms geschlagen und vereitelt ein Öffnen der Kappe. Der Springer hat bereits das Reservegerät geöffnet, die Gefahr ist groß, daß es sich um die Hauptkappe wickelt.

ziehen — dies ist leider nicht bei allen Gurtzeugtypen möglich — werden die Beingurte geöffnet, sonst unmittelbar bei Wasserberührung, nicht vorher! Gerade über Wasser kann man sich leicht in der Höhe verschätzen! Sind die Beingurte gelöst, reicht ein vordrücken der Hüfte — die Arme werden dabei nach oben gestreckt — und man gleitet aus dem Gurtzeug und taucht dann stets gegen den Wind — bei fließenden Gewässern auch gegen die Wasserströmung — unter dem Gurtzeug weg. Taucht man nicht gegen den Wind, besteht die Gefahr, daß man in die Fangleinen oder gar Kappe gerät.

Ist man vom Schirm befreit und das Ufer weiter entfernt, sollte man seine Kräfte nicht damit vergeuden, ans Ufer zu

(unten) Ein Springer landet gleichzeitig am Haupt- und Reservefallschirm. Er hatte ein „Brötchen", daß durch das Öffnen des Reservegeräts beseitigt wurde (Abrutschen der Fangleine).

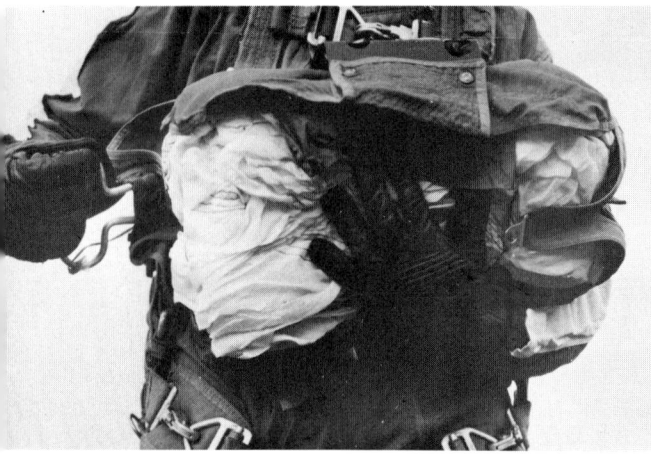

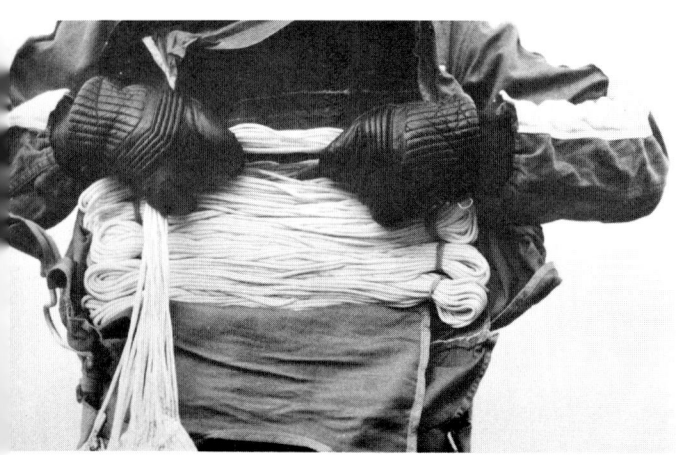

kommen, sondern sich zunächst darauf konzentrieren, sich von der schweren Ausrüstung zu befreien. Stiefel und Kombination sofort auszuziehen, Helm abnehmen und ihn als Schwimmer benutzen, erst dann versuchen, ans Ufer zu kommen.

Außer diesen kritischen Situationen bei der Landung kann der Springer auch bereits in der Luft Situationen erleben, die er durch ruhiges, überlegtes Handeln meistern muß.

Bleibt ein Springer mit seinem automatischen Schirm am Flugzeug hängen, sollte er, zum Zeichen dafür, daß er bei Bewußtsein ist, eine Hand auf den Helm legen, zweckmäßigerweise die linke, um die rechte zum Ziehen des Reservegeräts sofort zur Verfügung zu haben. Andere Springer in der Maschine oder der Pilot können dann versuchen, ihn abzuschneiden. Dieser Fall hört sich sehr theoretisch an, ist aber in der Praxis nicht ausgeschlossen.

Auch sehr theoretisch ist ein totaler Versager, d. h. der Schirm öffnet sich überhaupt nicht. Beim automatischen Sprung könnte es sein, daß die Aufziehleine nicht eingehakt ist, beim manuellen Sprung könnten die Klappen der Packhülle durch die falsch eingehakten Spannbänder verschlossen bleiben. Fest steht ohne Zweifel, daß ein Schirm nicht von sich aus versagt, sondern nur wegen falscher Handhabung. Beim Versager gibt es nur eine Gegenmaßnahme: das Öffnen des Reservegeräts. Manuellen Springern sei jedoch empfohlen, nicht sofort das Reservegerät zu ziehen, wenn der Hauptschirm nicht kommt. Es kann nämlich sein, daß die Klappen einwandfrei den Hilfsschirm freigegeben haben, dieser jedoch nicht sofort von der Luftströmung erfaßt wird.

Durch eine Veränderung der Freifall-Lage, durch Schütteln des Oberkörpers oder durch Herausziehen eines Haupttragegurtes kann jedoch die Strömung unter den Hilfsschirm gebracht und der Entfaltungsvorgang eingeleitet werden. Zieht man ohne abzuwarten das Reservegerät, kann durch diese Bewegung die Öffnung des Hauptschirms verursacht werden. Öffnen sich beide Schirme gleichzeitig, besteht die Gefahr, daß sie sich ineinander verschlingen oder verdrehen und der Springer im Extremfall an einer „Fahne" nach unten kommt, die Überlebenschance ist dann gering.

Eine „Fahne" ist auch eine Art der möglichen Fehlöffnungen. Bei einer Fehlöffnung ist der Schirm aus irgendwelchen Gründen nur teilweise geöffnet oder es sind andere mehr oder weniger schwerwiegende Komplikationen aufgetreten. Eine „Fahne" kann entstehen, wenn der Packschlauch aufgrund eines Packfehlers nicht abgezogen wird, einzige Gegenmaßnahme ist das Öffnen des Reservegeräts.

Eine weitere — weitaus ungefährlichere — Fehlöffnung ist das sogenannte „Brötchen". Eine oder mehr Fangleinen haben sich beim Entfalten der Kappe über sie gelegt, verursacht meist durch schlechte Haltung beim Öffnen. Ein Heruntergleitenlassen durch Slippen ist manchmal möglich, wenn die Fangleinen mehr zum Rand als zur Mitte liegen, aber dadurch entstehen mit Sicherheit Verbrennungen am Kappengewebe. Man könnte die Fangleinen einfach abschneiden, eine bessere Möglichkcit ist das Öffnen des Reservegeräts. Hierzu ist es **nicht** erforderlich, die Hauptkappe mittels der Kappentrennschlösser abzuwerfen. Da aber die Vertikalgeschwindigkeit bei geöffneter Kappe relativ gering ist und die Luftströmung nicht ausreicht, die Reservekappe zu öffnen, muß der Springer nachhelfen. Er faßt mit der linken Hand unter das Reservegerät und zieht mit der rechten den Aufziehgriff. Dann „füttert" er die Kappe *in* die vertikale und horizontale Luftströmung (nicht dagegen!), d. h. er zieht die Kappe aus der Hülle und wirft sie ausgebreitet hoch, zusätzlich schlauft er auch die Fangleinen noch aus. Auf diese Weise kann selbst eine schwache Luftströmung die Kappe öffnen. Dreht sich der Hauptschirm infolge des Brötchens, wird die Kappe *in* die Drehrichtung geworfen.

Bei Hochleistungsschirmen kann es — meist durch kopflastige Lage beim Öffnen — zu Fehlöffnungen kommen, bei denen der vordere Kappenteil nach innen schlägt. Durch beidseitiges, kräftiges Ziehen der Steuerleinen erhöht man in diesem Fall den Luftdruck unter der Kappe und als Folge wird der vordere Teil auch aufgebläht. Gelingt es nicht, solche oder auch kompliziertere Störungen, die meist auch mit immer schneller werdenden Drehungen verbunden sind, zu beseitigen, muß die Kappe durch Öffnen der Kappentrennschlösser abgeworfen werden, da sich sonst die Kappe des Reservegeräts um den Hauptschirm wickeln würde.
Entweder öffnet man beide Trennschlösser gleichzeitig oder zunächst nur das rechte, mit der linken Hand, hält mit der rechten Hand den Haupttragegurt fest und öffnet dann mit der linken Hand auch das linke Kappentrennschloß. So hat man die Gewähr, daß die Kappe nicht umschlägt wenn das eine Kappentrennschloß nicht zu öffnen ist und man hat wenigstens etwas, das trägt. In umgekehrter Reihenfolge kann man die Schlösser natürlich auch öffnen. Erfahrene Springer pflegen ihre Trennschlösser mit Vaseline und prüfen sie regelmäßig auf Funktionstüchtigkeit.

Als letztes sei schließlich noch eine relativ harmlose Störung nach dem Öffnungsvorgang erwähnt. Die Fangleinen sind zusammengedreht. Dies wird durch unsauberes Packen, einen schlechten Absprung beim automatischen Sprung oder eine entsprechende Haltung beim manuellen Sprung verursacht. Meist ist die eingedrehte Länge unter einem Meter und der Springer dreht sich ohne eigenes Zutun automatisch aus.

Es sei noch einmal ausdrücklich hervorgehoben, daß alle geschilderten Fälle auftreten können, aber sehr selten sind. Trotzdem muß der Sprungschüler intensiv darin geschult werden, damit er ruhig und besonnen die erforderlichen Gegenmaßnahmen ergreift und nicht in Panik gerät, die für ihn tödlich sein kann.

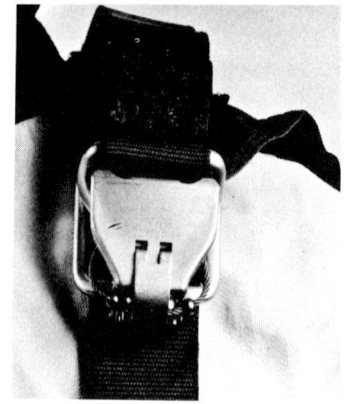

... die Kappe wird durch Öffnen der Kappentrennschlösser abgetrennt und das Reserve-gerät geöffnet.

Öffnen eines Kappentrennschlosses. Nach dem Herunterklappen des Schutzdeckels wird durch Ziehen an dem Drahtring der Haupttragegurt freigegeben.

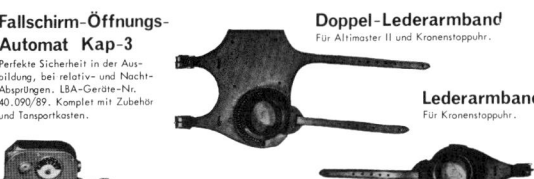

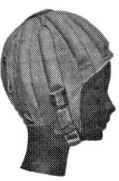

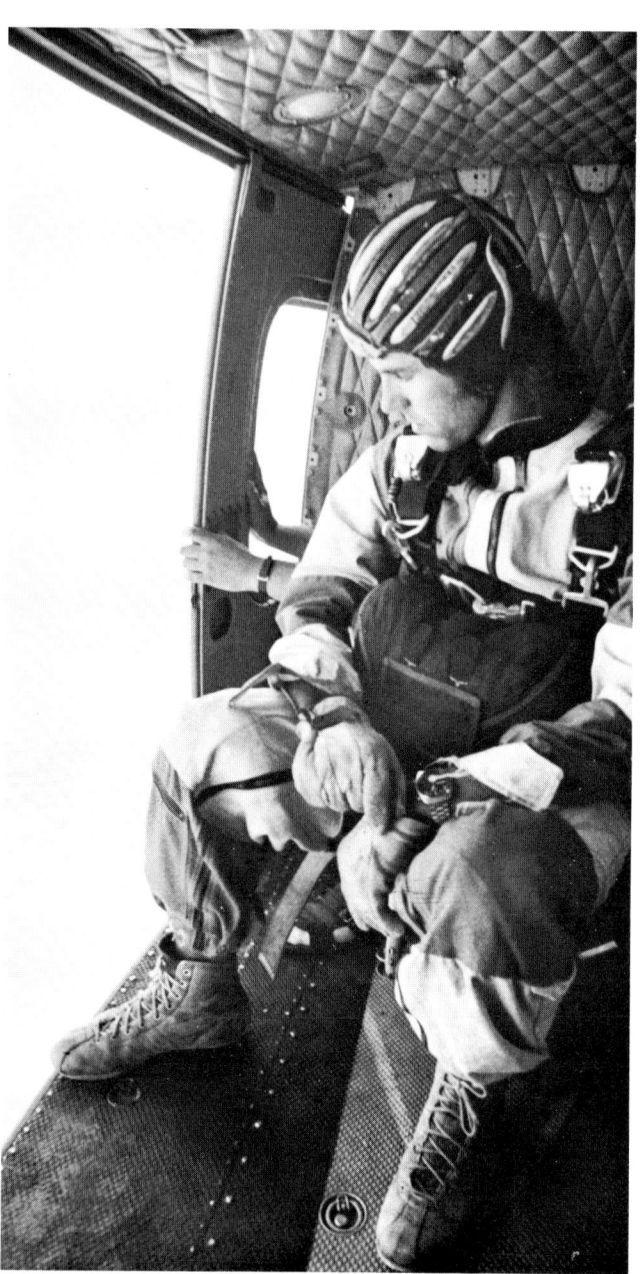

Das Absetzen

Nach den ersten Sprüngen, bei denen der Sprunglehrer das Absetzen übernimmt, wird der Schüler langsam selbständiger und bestimmt auch selbst den Absetzpunkt. Eine wertvolle Hilfe ist ihm dabei der „Winddrifter", ein Kreppapierstreifen, unten mit einem Rundstahl beschwert, der genau die gleiche Sinkgeschwindigkeit hat wie der geöffnete Fallschirm. Der Drifter wird in Öffnungshöhe über dem Ziel geworfen und sein Sinken und Landen beobachtet. Die Richtung Zielkreismittelpunkt-Winddrifterlandepunkt ist die Windachse. Hat die Maschine die Absetzhöhe erreicht und nimmt Richtung auf das Ziel, bringt der Springer den Piloten durch Zeichen auf die Achse in Gegenwindrichtung. Ein guter Pilot macht das selbst. Richtungskorrekturen werden meist um 5° durchgeführt, das hat sich bewährt. Natürlich könnte man auch eine andere Gradzahl vor dem Start absprechen. Bei einmaligem Tippen auf eine Schulterseite des Piloten korrigiert dieser seinen Kurs um 5° in diese Richtung. Also rechte Schulter nach rechts und umgekehrt. Ein Tippen in den Nacken bedeutet weiter geradeaus. Kann man den Piloten nicht erreichen, wird die Korrektur mit dem Daumen gegeben. Während dieses Anflugs beobachtet der Springer ständig das Ziel und die Achse. Er schaut senkrecht am Luftfahrzeug herunter und achtet auch darauf, daß das Luftfahrzeug horizontal liegt, sonst können grobe Schätzfehler auftreten. Als Absetzpunkt wählt der Springer den Punkt, der auf der Windachse die gleiche Entfernung vom Ziel hat wie der Landepunkt des Drifters, jedoch in Gegenwindrichtung. Dabei berücksichtigt er, daß sein Körper aufgrund des Trägheitsgesetzes nach dem Absprung noch eine gewisse Strecke in Flugrichtung „mitgenommen" wird, auch wenn keine Verbindung zum Luftfahrzeug besteht. Diese Strecke ist von der Fluggeschwindigkeit abhängig und beträgt bei 100 km/h etwa 50 Meter. Kurz vor dem Absetzpunkt nimmt der Springer die Absprungposition ein, gibt dem Piloten ein verabredetes Zeichen, damit dieser das Gas etwas wegnimmt und springt ab.

Besitzt man keinen Winddrifter, kann man sich den Absetzpunkt leicht mit folgender Formel ausrechnen

$$a = \frac{(h-s) \cdot v_W}{v_S} - T$$

Der Springer beobachtet den Drifter und legt seinen Absetzpunkt fest.

Hierin bedeuten:

a =   Abdrift [m]
h =   Absprunghöhe [m]
s =   Freifallstrecke [m]
v_W =   Sinkgeschwindigkeit [m/s]
v_S =   Windgeschwindigkeit [m/s]
T =   Horizontalmitnahme infolge des Trägheitseinflusses [m] (in der Regel 50 m)

Ein Beispiel:

> Bei einer Absprunghöhe von 1000 m, einem Freifall von 200 m, einer Sinkgeschwindigkeit von 5 m/s und einer Windgeschwindigkeit von 4 m/s ergibt sich folgende Abdrift:

$$a = \frac{(1000 - 200) \cdot 4}{5} - 50$$

$$a = 640 - 50 = 590 \text{ m}$$

Fliegt das Luftfahrzeug mit 100 km/h (das sind 100/3,6 ca. 28 m/s) muß man also vom Zielkreis noch 590/28 ca. 21 Sekunden in der Maschine bleiben und dann abspringen.

Bei dieser ganzen Rechnerei ist der Eigenvortrieb des Schirms noch nicht berücksichtigt. Mit der obigen Entfernung liegt man auf der sicheren Seite, nämlich genau in der Mitte der Strecke, von der man das Ziel noch erreichen kann. Die Endpunkte dieser Strecke, also den dichtesten und weitesten Absetzpunkt von dem man das Ziel noch erreicht, kann man sich auch ausrechnen. Man bestimmt die Sinkdauer, indem man die Sinkstrecke durch die Sinkgeschwindigkeit dividiert und dann die Vortriebsstrecke, indem man die Sinkdauer mit der Vortriebsgeschwindigkeit multipliziert. Die Vortriebstrecke trägt man auf der Achse zu beiden Seiten des ideellen Absetzpunktes an und hat so die Extrempunkte.

Der Anflug muß nicht unbedingt auf der Windachse und in Gegenwindrichtung erfolgen, er wird jedoch kompliziert, wenn man es anders macht. Insbesondere wenn mehrere Springer bei einem Anflug abspringen wollen, ist die Gefahr, daß einer oder mehrere das Ziel nicht erreichen, sehr viel größer, als bei der oben geschilderten Methode. Es sei erwähnt, daß bei Stil- und Relativwettbewerben die Springer auch durch Schiedsrichter abgesetzt werden können (über Funk) und daß der Anflug auch mit Wind erfolgen kann. Dies hängt mit der erforderlichen guten Sichtmöglichkeit der Schiedsrichter zusammen.

In der Endphase des Anflugs schaut der Springer senkrecht am Flugzeug herunter.

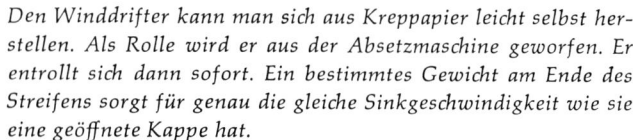

Der Absetzpunkt ist da — raus!

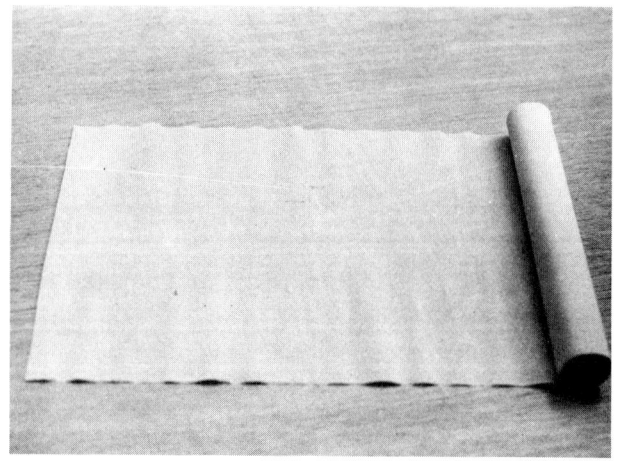

Den Winddrifter kann man sich aus Kreppapier leicht selbst herstellen. Als Rolle wird er aus der Absetzmaschine geworfen. Er
entrollt sich dann sofort. Ein bestimmtes Gewicht am Ende des
Streifens sorgt für genau die gleiche Sinkgeschwindigkeit wie sie
eine geöffnete Kappe hat.

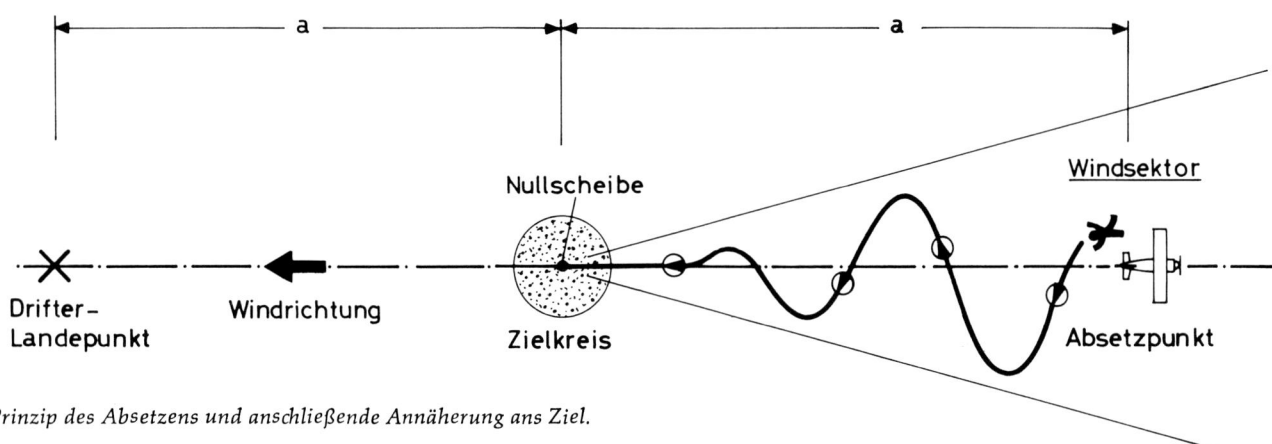

Prinzip des Absetzens und anschließende Annäherung ans Ziel.

Der manuelle Absprung

Wie bereits erwähnt, ist der Übergang vom automatischen zum manuellen Sprung kaum problematisch, wenn der automatische Sprung auch schon in manueller Haltung gesprungen wurde; also: Arme in Verlängerung der Schultern gestreckt, Kopf im Nacken, Hohlkreuz, Beine gestreckt und bis Schulterbreite geöffnet, Fußspitzen gestreckt. Schon während der letzten automatischen Sprünge wird der erste manuelle Sprung vorbereitet. Am Boden übt der Springer mit angelegtem Gurtzeug zunächst unter Aufsicht des Lehrers das Aufziehen eines Attrappengriffs (ein Griff, der keine Funktion hat, jedoch an der Stelle des echten Girffs montiert ist). Die Bewegung wird so oft geübt, bis daraus ein Reflex wird. Dabei darf der Springer nicht vergessen, den Kopf zu heben und das Hohlkreuz während der Bewegung noch zu verstärken, damit die Lage stabil bleibt. Auch die freie Hand wird gleichzeitig mit der anderen vor den Körper genommen, da sonst der Springer infolge der asymmetrischen Körperhaltung zu einer Seite abkippt. Bei den letzten zwei bis drei automatischen Sprüngen wird der Attrappengriff benutzt. Klappt das Ziehen einwandfrei, kann der erste manuelle Sprung erfolgen, nach Möglichkeit noch am gleichen Tag.

Die Absprunghöhe beträgt 1000 m. Zur Sicherheit erhält der Fallschirm eine Öffnungsautomatik, die auf eine bestimmte Zeit eingestellt werden kann. Zieht der Springer den Aufziehgriff nach einer bestimmten Zeit nicht (in der Regel werden 3 Sekunden verlangt), besorgt es die Automatik für ihn. Es kann eine Zeit zwischen 2 und 5 Sekunden eingestellt werden. Bei Sprüngen mit längerem Freifall wird die Automatik auf eine bestimmte Höhe eingestellt, sie arbeitet dann nach einer Barometrik.

Nach jedem Sprung korrigiert der Sprunglehrer die Lage des Schülers und sagt ihm die Zeit, die er gestoppt hat. Liegt die Toleranz bei ± 1 Sekunde und ist die Haltung sauber, wird die Freifallzeit über 5 und 8 auf 10 Sekunden gesteigert. Die Absetzhöhe bleibt 1000 m. Nach 10 Sekunden hat der Springer übrigens die Endfallgeschwindigkeit erreicht. Danach wird die Zeit auf 12 Sekunden und die Absprunghöhe auf 1200 m festgesetzt. Wenn ein Sprung unstabil ist, werden Zeit und Höhe wieder reduziert. Außerdem muß der Springer seinen Körper in Flugachse halten können.

Bei Höhen über 1000 m führt der Springer einen Höhenmesser mit und lernt, durch eine Kopfbewegung die Höhe abzulesen, ohne dabei unstabil zu werden. Geht er zu sehr aus dem Hohlkreuz, kann es ihm passieren, daß er sich in Rückenlage wiederfindet. Bei 1200 m beträgt die maximale Freifallzeit 15 Sekunden.

Der Schüler benötigt etwa 10 Sprünge, um mit dem Freifall etwas vertraut zu werden, erst dann wird wiederum Höhe und Zeit auf 1500 m bzw. 20 Sekunden gesteigert.

Die kostbare Freifallzeit wird aber bald nicht mehr nur mit

Manueller Sprung in T-Haltung.

dem stabilen Fallen „vergeudet", sondern der Springer fängt langsam an zu „arbeiten", er führt bestimmte Figuren im Freifall aus. Wenn er soweit ist, gehört er schon dem Kreis der Fortgeschrittenen an.

Fallgeschwindigkeit und -strecke in Abhängigkeit von der Fallzeit.

Freifallzeit (sec)	Fallgeschwindigkeit (m/sec)	gesamte Freifallstrecke (m)
1	10	5
2	17	20
3	25	40
4	32	70
5	38	105
6	43	150
7	46	190
8	49	240
9	51	290
10	53	340

Nach 10 Sekunden Freifallzeit bleibt die Fallgeschwindigkeit annähernd konstant. Man kann als grobe Faustregel 50 Meter Fall pro Sekunde ansetzen.

Der „Ausweis für Fallschirmabspringer"

Was dem Autofahrer sein Führerschein ist dem Fallschirm-sportler sein „Ausweis für Fallschirmabspinger". Wie dem Wort leicht zu entnehmen eine behördliche Angelegenheit. Den Ausweis gibt es in zwei Klassen, „A" und „M" (auto-matisch und manuell).

Frühestens nach 6 automatischen Sprüngen kann man den Ausweis „A" erwerben, die Sprünge müssen innerhalb der letzten 12 Monate vor der Prüfung gemacht worden sein. Neben einer theoretischen Prüfung (schriftlich und münd-lich) über die weiter vorn beschriebenen Ausbildungsab-schnitte muß der Prüfungskandidat auch zwei Prüfungs-sprünge absolvieren. Die Landung muß innerhalb eines Zielkreises mit 100 m Radius liegen. Besteht der Kandidat sowohl den praktischen als auch theoretischen Teil der Prü-fung, erhält er den Ausweis „A". Er kann jetzt mit automa-tischen Schirmen springen, ohne daß ein Lehrer die Aufsicht führt. Natürlich darf er nicht überall springen, sondern nur auf zugelassenen Plätzen.

Laut Gesetz benötigt er jetzt 6 weitere manuelle Sprünge, dann kann er wieder eine Prüfung machen und seinen Aus-weis auf „M" erweitern lassen. Diese Prüfung besteht aus nur einem manuellen Sprung mit 3 Sekunden Freifallzeit und Ziellandung wie oben. Obwohl das Gesetz (in diesem Falle die „Prüfordnung für Luftfahrtpersonal") nur 6 ma-nuelle Sprünge fordert, sind in den Ausbildungsrichtlinien mindestens 10 vorgesehen. Die Prüfordnung wird z. Zt. überarbeitet und wahrscheinlich 1974 neu verabschiedet werden. Generell gesagt werden die Bedingungen etwas verschärft. Nach der Prüfordnung ist auch eine Überarbei-tung der völlig überholten Ausbildungsrichtlinien vorge-sehen.

Erwirbt der Springer später mit ausreichend Erfahrung in einem besonderen Lehrgang die Lehrberechtigung, wird auch diese im Ausweis eingetragen.

Betätigung des Aufziehgriffs. Wichtig ist, daß beide Arme gleich-zeitig an den Körper gebracht und wieder gestreckt werden.

Und so sieht's von oben aus.

Adieu Flugzeug.

6. Die Ausbildung für Fortgeschrittene

Das Springen mit Hochleistungs-fallschirmen

Beherrscht der Springer seinen Körper sicher im freien Fall und steuert er einen TU- oder LL-Rundkappenfallschirm bereits mit etwas Routine, kann er auf einen Hochleistungs-fallschirm umsteigen. Es gibt keine starre Grenze für diesen Zeitpunkt. Wenn aber ein Springer wirklich die obigen Voraussetzungen erfüllt, sollte er bald wechseln, denn er wird etwa 50 bis 100 Sprünge benötigen, bis er den neuen, empfindlicheren Schirm gut beherrscht und auf einen ersten Wettbewerb gehen kann. Es ist immer zu empfehlen, sich zu diesem Zeitpunkt einen eigenen Schirm zu kaufen, es sei

denn, man bekommt einen vom Verein mit ausschließlichem Gebrauchsrecht gestellt — und das können sich leider nur wenige Vereine leisten.

Ein erfolgreicher Sprung mit einem Hochleistungsfallschirm fängt schon am Boden an. Neben dem Gurtzeug müssen vor allem die Steuerleinen richtig eingestellt werden. Der Schirm wird zwischen Scheitel und Beingurten gespannt, und die Steuerleinen sollten dann gestreckt sein. Sind sie es nicht, müssen die Steuerknebel verstellt werden. Der geöffnete Schirm darf sich bei losgelassenen Steuerleinen nicht drehen, tut er es, muß eine Seite gespannt oder die andere entspannt werden. Die Spannung der Steuerleinen kann man auch mit einer Federwaage überprüfen.

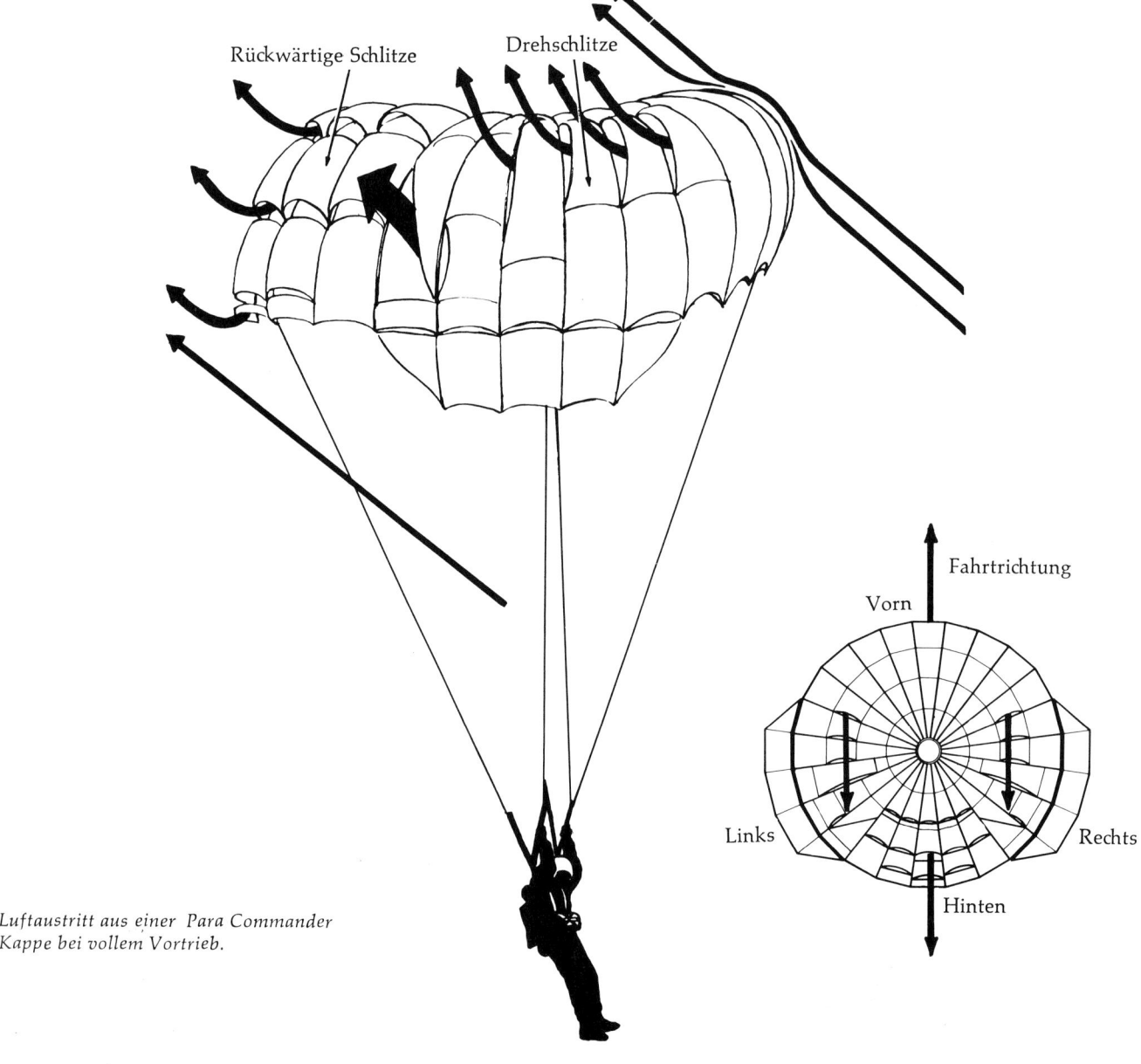

Rückwärtige Schlitze

Drehschlitze

Fahrtrichtung

Vorn

Links

Rechts

Hinten

Luftaustritt aus einer Para Commander Kappe bei vollem Vortrieb.

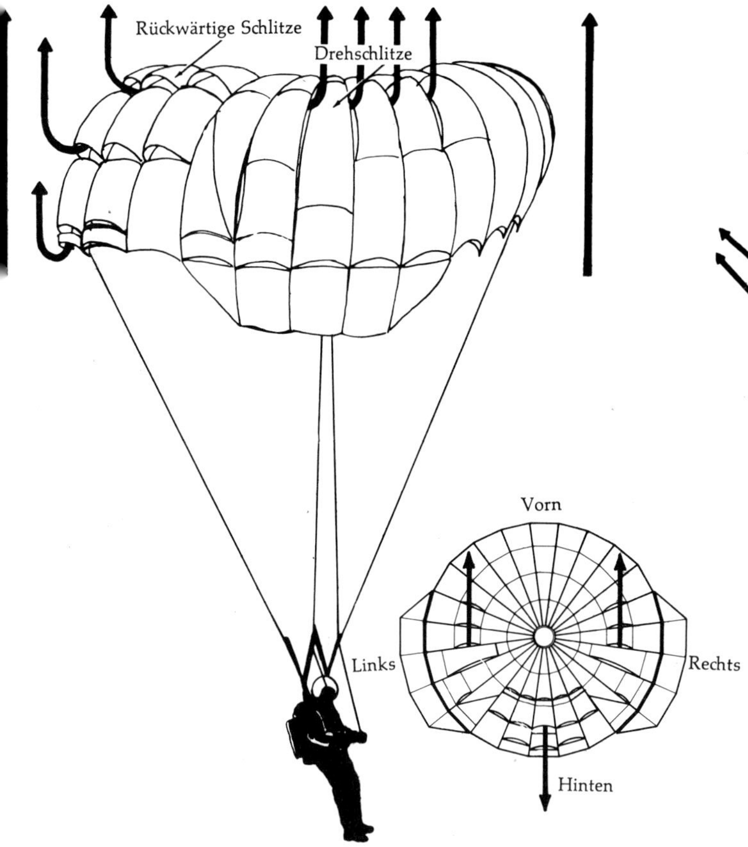

Rückwärtige Schlitze
Drehschlitze

Vorn

Links
Rechts

Hinten

Rückwärtige Schlitze
Drehschlitze

Vorn
Drehrichtung

Links
Rechts

Hinten

Luftaustritt bei Vollbremsung.

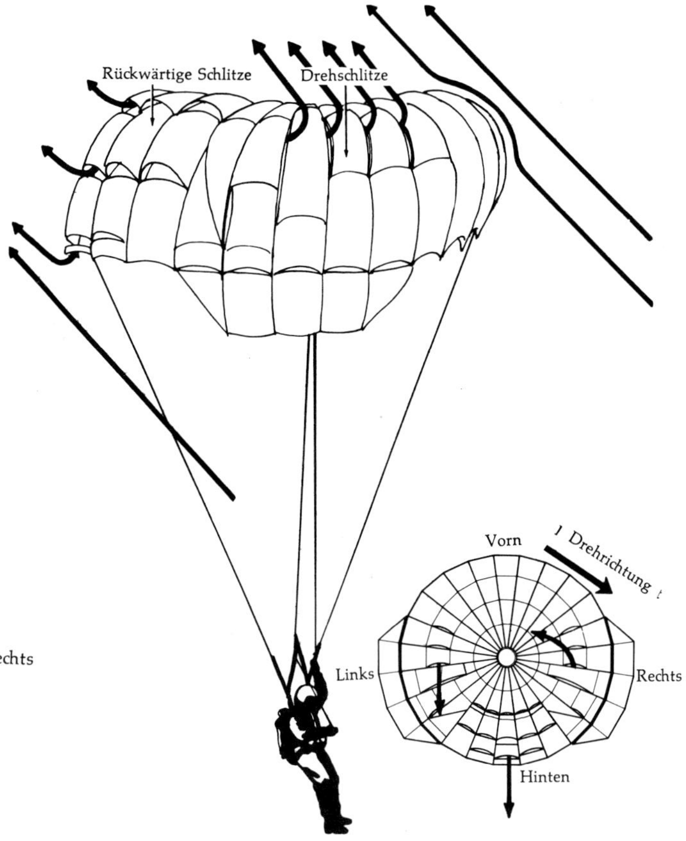

Luftaustritt bei einer Rechtsdrehung.

Auch die Länge der Fangleinen spielt eine Rolle. In der BRD darf sie jedoch leider nicht verändert werden, während in den USA die Springer je nach Gewicht die Leinen ihrer Fallschirme kürzen, um die Steuereigenschaften zu verbessern. Hochleistungsfallschirme oder Gleitfallschirme — also z. B. alle Para Commander Typen, PTCH 7 und 8, Olympic und Papillon — zeichnen sich gegenüber den normalen Rund-

kappenfallschirmen mit einfachen Schlitzen durch besseren Vortrieb, geringere Sinkgeschwindigkeit, bessere Steuerbarkeit und vor allem durch die vorhandene Bremsmöglichkeit aus. Bremsen bedeutet bei diesen Schirmtypen, den Eigenvortrieb zu verringern. Darin steckt auch ein wesentlicher Teil des Geheimnisses im Umgang mit diesen Schirmen!

„Double-Clutching" Technik. Die Steuerleinen werden bis etwa Hüfthöhe heruntergezogen, wieder bis zur Schulterhöhe hochgelassen und anschließend wieder bis zur Vollbremsung angezogen.

„Stall"-Zustand an einer PTCH-7 Kappe.

Meisterlich und hochkonzentriert: „Lay-out" nach vorn.

Die entscheidenden Strecken bei einer Zielannäherung

fährt der Springer mit „halber Bremse". Er hat so ausreichend Reserven in beiden Richtungen; er kann weiter abbremsen und die Horizontalstrecke weiter verkürzen oder er kann den Vortrieb durch Wegnehmen der Bremse erhöhen. Eine volle Bremsung wird durch gleichmäßiges Herunterziehen beider Steuerleinen erreicht, so daß die Hände ungefähr in Höhe der Taille sind (Oberarm und Unterarm bilden einen rechten Winkel), bei einer halben Bremsung befinden sich die Hände etwa in Schulterhöhe. Drehungen werden am schnellsten und stabilsten mit einer nahezu vollen Bremse durchgeführt. Zieht man nur eine Steuerleine fährt der Schirm eine weite Kurve und schwingt je nach Heftigkeit mit der man an der Steuerleine zieht mehr oder weniger stark aus (Kettenkarussell-Effekt).
Zieht man die Steuerleinen tiefer als bis zur Taille, tritt der sogenannte „Stall-Effekt" (to stall (engl.) = überziehen, durchsacken) auf. In der voll gebremsten Stellung gleitet der Schirm nur mit einem minimalen Vortrieb. Die Luftmenge, die durch die 8 Drehschlitze nach oben entweicht, ist nahezu gleich der, die durch die Vortriebsschlitze nach hinten entweicht. Werden die Steuerleinen unter Hüft-

niveau herabgezogen, entweicht mehr Luft nach oben als nach hinten. Ohne eine ausreichende Antriebskraft reagiert der Schirm wie ein Flugzeug, er wird unstabil. Die Piloten sprechen von „Strömungsabriß" und genau das Gleiche spielt sich auch an der Kappe ab. Sie hört auf zu gleiten, schüttelt sich und schaukelt rückwärts, der Springer gleitet aufgrund seiner Trägheit noch weiter, pendelt nach vorn und schließlich wieder zurück. Die Sinkgeschwindigkeit im „Stall"-Zustand beträgt etwa 10 m/s! In Bodennähe kann ein Strömungsabriß also katastrophale Folgen haben. Und doch braucht man einen kontrollierten „Stall", um schnell an Höhe zu verlieren ohne zu drehen, gegen den Wind zu halten oder zu kreuzen. Man kann mit dem Schirm auf der Windachse bleiben und die Augen auf dem Ziel lassen. Ein absichtlicher, einseitiger „Stall" bewirkt eine Drehung der Kappe ohne Drift über Grund. Man kann so um 180° auf der Stelle drehen, ein wichtiges Manöver beim Wenden innerhalb des Windsektors. Wichtig ist das geschickte Beenden des „Stalls". Man läßt die Steuerleinen schnell voll nach oben (weniger als 1 Sekunde), die Kappe richtet sich wieder auf, muß dann jedoch sofort durch eine volle Bremsung daran gehindert werden zu beschleunigen, da dann der Springer nach vorn schwingt. Diese Technik wird als „Double Clutching"-Technik bezeichnet. Sie ist ebenfalls dazu geeignet, einen einseitigen „Stall" zu beenden, dabei bleibt der

(oben) Zu hoch! Schnell einen Fuß nach hinten!

(oben links) Hier muß seitlich ausgeglichen werden.

(links unten) Hacke oder Spitze . . .

andere Steuerknebel etwa in Hüfthöhe. Der „Stall"-Punkt für nur eine Seite liegt tiefer als für beide Seiten.

Man sollte sich bei den ersten Sprüngen mit einem Gleitfallschirm ausreichend Zeit nehmen, diese Techniken einzuüben, am besten während des gesamten Sinkvorgangs. Erst wenn man den Schirm hierbei sicher beherrscht, sollte man den ersten richtigen Zielsprung machen. Bereits vor dem Sprung muß das taktische Konzept festgelegt werden. Man muß sich über Windachse und Absetzpunkt völlig klar sein. Dazu beobachtet man den Winddrifter, den Windsack und andere Springer sehr intensiv. In Gedanken legt man sich zwei Grenzen beidseitig der Achse fest, die den Windsektor bilden, den man nicht verläßt. Meist wird man sich zwischen der Achse und einer Grenze aufhalten, insbesondere wenn der Höhenwind aus einer anderen Richtung kommt als der Bodenwind oder wenn der Wind die Tendenz hat, von der Hauptachse nach einer Seite wegzudrehen (diese Seite wird die „hohe Seite" genannt), beides ist meist mehr oder weniger stark der Fall.

Bei richtig gewähltem Absetzpunkt erfolgt die Annäherung ans Ziel durch Kreuzen im Windsektor oder eben in einer Hälfte mit ständigem Blick zum Ziel und zum Windsack, an dessen Verhalten man Windgeschwindigkeit, -richtung und Drehtendenz beurteilt. Etwa in 200—300 m Entfernung vom Ziel wird der Schirm halb abgebremst. An dieser Stelle muß der Springer sich höher als nötig befinden, um so einer zu kurzen Landung vorzubeugen. Beim weiteren Kreuzen verliert der Springer an Höhe, hat aber jederzeit die Möglichkeit, bei sich änderndem Wind auf das Ziel einzudrehen.

Der Ausgangspunkt für die Endannäherung ist nie konstant, sondern hauptsächlich von der Windstärke abhängig, er liegt etwa zwischen 30 und 60 m von der Zielscheibe entfernt. Die Höhe ist dann noch so groß, daß man sowohl vor als auch hinter der Nullscheibe landen kann, der jetzt die ganze Aufmerksamkeit gilt. Bei mittelstarkem bis schwachem Wind erfolgt die Endannäherung auf der Windachse, bei starkem Wind kann es vorteilhafter sein, mit fast voll abgebremsten Schirm seitlich auf das Ziel zu gehen und erst in geringer Höhe (etwa 10—15 m) direkt auf das Ziel zu steuern.

Unter ständiger Kontrolle des Anflugwinkels und Ausgleich der Höhe durch Wegnehmen oder Verstärken der Bremse wird der Schirm bis zum letzten Augenblick gesteuert. Stellt man kurz vor der Landung fest, daß man die Nullscheibe nicht genau trifft, können die fehlenden Zentimeter durch entsprechenden Körpereinsatz herausgeholt werden. Kommt man zu kurz, werden die Beine weit vorgeworfen („Layout"), schießt man über's Ziel hinweg, werden die Beine nach hinten gestreckt, bei einem seitlichen Versatz entsprechend. Grundsätzlich erfolgt die Landung nicht mit beiden Füßen, sondern stets nur mit einem, der andere Fuß wird hochgehoben! Das spricht zwar dem normalen Übungslandefall Hohn, aber dafür ist der Zielkreis ja auch sehr weich und selbst bei hoher Endannäherungsgeschwindigkeit ist eine Verletzungsgefahr sehr gering. Um wirklich eine eindeutige Landung zu machen, sollte man entweder mit dem Hacken oder der Fußspitze die Scheibe berühren. Hält man den Fuß horizontal mitten über die Scheibe, kann es sein, daß man ungewollt doch mit dem Hacken oder der Spitze zuerst den Boden berührt — jedoch außerhalb der Scheibe!

Die Sicht auf die Scheibe wird sehr erleichtert, wenn man das Reservegerät auf einer Seite ausgehakt hat und nicht mehr darüberwegsehen muß. Das Aushaken erfolgt gleich nach der vollen Öffnung des Fallschirms.

Gesteuert wird bis zum letzten Moment.

... die Entscheidung muß rechtzeitig fallen. Hier wäre die Fußspitze besser gewesen.

Möglichst nicht beide Füße benutzen. Für Schiedsrichter ist der erste Berührungspunkt immer schwierig zu beurteilen.

Figuren im Freifall

Das Faszinierendste am ganzen Fallschirmsport ist ohne Zweifel der Freifall. Dieses Wort ist im physikalischen Sinne nicht korrekt, es soll nur ausdrücken, daß der Springer keinerlei Verbindung zum Flugzeug hat und der Schirm noch völlig geschlossen in der Packhülle liegt. In diesem Sinne ist der Fall wirklich frei. Aber bald beschränkt man sich nicht darauf, einfach wie ein Stein zur Erde zu fallen, sondern fängt an sich zu bewegen — nicht wie ein Vogel natürlich, das wäre etwas übertrieben, da ja die Vertikalkomponente stets erheblich stärker bleibt. Trotzdem — die Vielfalt der Figuren ist gerade für Laien kaum glaublich und oft nur durch Bilder zu beweisen.

Ausgehend von der bereits geschilderten X-ähnlichen Lage fängt der Springer an, seine Position zu reduzieren. Die Spannung in den gestreckten Armen und Beinen wird verringert, die Unterarme kommen unter die Schulterlinie und liegen fast parallel zum Körper, auch die Oberschenkel werden etwas angezogen und die Unterschenkel werden mehr oder weniger rechtwinklig angewinkelt. Diese Haltung wird mit „Froschlage" bezeichnet. Der Kopf wird immer beweglicher und das erlaubt dem Springer in alle Richtungen zu sehen. Stets aber bleibt das Hohlkreuz erhalten, sonst würde der Körperschwerpunkt höher rutschen als der ideelle Angriffspunkt des Luftwiderstandes und das hätte zur Folge, daß der Springer auf den Rücken gehebelt wird. In dieser eingeknickten Rückenlage befindet sich der Schwerpunkt dann wieder unten. Um wieder die richtige Position

(Gesicht zur Erde) zu erlangen, drückt man das Hohlkreuz durch. Im allgemeinen strebt man eine labile Haltung als Ausgangsposition für Drehungen an. Das bedeutet, der Schwerpunkt des Körpers und der ideelle Angriffspunkt des Luftwiderstandes fallen zusammen. Die kleinste aber richtig ausgeführte Bewegung verursacht die erwünschte Körperdrehung um die Vertikalachse. Ideal wäre es, wenn man den ganzen Körper in die Form einer Luftschraube bringen könnte. Besonders bei den Beinen ist es jedoch sehr schwierig, da man sie nicht sieht und kaum spürt. Daher blockiert man sie in einer Stellung, in der sie die Drehung am wenigsten behindern.

Die Armbewegungen sehen folgendermaßen aus: der innere Arm (Innenseite der Drehung) wird so ausgestreckt, daß er sowohl zur Schulterlinie als auch zur Luftanströmung einen 45° Winkel bildet. Der äußere Arm (Außenseite der Drehung) wird angewinkelt, die Hand liegt vor dem Gesicht, der Ellbogen muß angehoben werden. Auch der Kopf unterstützt die Drehung, er wird so gedreht, daß man in die Hand des inneren Armes sehen kann. Der gesamte Oberkörper und der Kopf bilden zusammen mit den Armen eine Fläche, die um 45° gegen die Luftanströmung geneigt ist, so entsteht die Propeller-Wirkung. Der gesamte Bewegungsablauf kann auch am Boden „trocken" geübt werden, entweder in einem aufgehängten Übungsgurtzeug oder einfach auf einem Tisch liegend, am besten vor einem Spiegel.

Eine fast ideale X-Lage.

Die Froschlage — Ausgangshaltung für jede Arbeit im freien Fall.

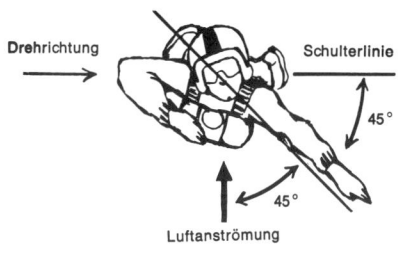

Drehrichtung · Schulterline

45°

45°

Luftanströmung

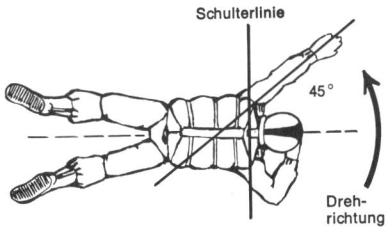

Schulterline

45°

Dreh-richtung

Armhaltung bei einer Linksdrehung.

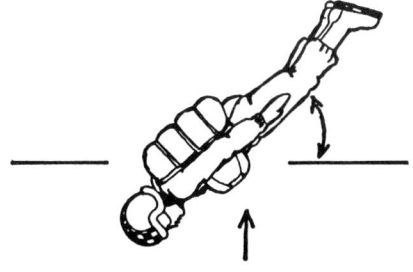

Ideale Flash-Haltung.

Flash beim Relativ-Einsatz.

Für den ersten Sprung, bei dem man die Drehung trainiert, reicht es, eine Rechtsdrehung einzuleiten, dann eine Linksdrehung, ohne daß dabei auf die Bezugsachse geachtet wird. Später werden die Drehungen abwechselnd ohne Zwischenstopp aber immer noch ohne Einhaltung einer Bezugsachse gesprungen. Wenn die Kontrolle über diese Bewegungen gut ist, kann man sich eine Bezugsachse auf dem Boden nehmen und halbe Drehungen (180°) absolvieren, eine nach links, eine nach rechts, usw.
Schafft man vier halbe Drehungen zwischen 8 und 10 Sekunden, fliegt man ganze Drehungen. Bei dieser Arbeit an den Drehungen ist es möglich, daß man in eine unkontrollierte Schraube gerät (Flachtrudeln). Dabei sollte man nicht den Schirm öffnen, weil er sich sicher eindreht. Man nimmt die T-Haltung ein (Hohlkreuz, Kopf in den Nacken, Arme seitlich gestreckt, Beine geschlossen nach hinten gestreckt), wartet 3 bis 5 Sekunden und das Flachtrudeln hört auf. Man muß jedoch dabei unbedingt die Höhe kontrollieren! Die T-Haltung ist übrigens geeignet einen aus jeder unkontrollierten und unstabilen Lage problemlos zu befreien. Mit ihr im Zusammenhang sei auch die Bananen-Lage erwähnt, die früher die erste Haltung für Anfänger war, heute jedoch kaum noch gelehrt wird. Sie ähnelt der T-Haltung vollkommen, nur werden die Arme über der Brust verschränkt, eine Hand kann schon am Aufziehgriff liegen.

Außer den Drehungen auf der Stelle ist der Springer noch in der Lage sich horizontal zu verschieben. Stellt er z. B. bei einem Sprung aus 2000 m Höhe fest, daß der tatsächliche Absetzpunkt mit dem vorgesehenen nicht übereinstimmt — und das ist gerade beim Absetzen aus größeren Höhen leicht möglich — fällt er nicht senkrecht nach unten, sondern legt die Arme an den Körper mehr oder weniger stark an (je nach gewünschtem Fallwinkel), die Handflächen nach unten. Die Beine sind gestreckt und etwa schulterbreit geöffnet. Der ganze Körper ist leicht gebogen und hat etwa das Anström-Profil einer Tragfläche. Diese Haltung wird als „Flash" (Blitz) bezeichnet. Da der Springer so einen geringeren Luftwiderstand besitzt, ist seine Vertikalgeschwindigkeit natürlich größer. Sie kann im Extremfall knapp 300 km/h betragen.

Bei einem optimalen Flash — jeder Springer wird einige Zeit brauchen bis er seinen gefunden hat — kann man sich etwa ein Drittel der Freifallstrecke horizontal verschieben. Bei 1000 m Freifall also immerhin gute 300 m!

Bevor man den Fallschirm öffnet, muß man rechtzeitig wieder die Normallage einnehmen, da eine Schirmöffnung im vollen Flash sehr brutal sein würde. Außerdem sind gerade Hochleistungsfallschirme sehr empfindlich gegen derartige Öffnungen und es könnte zu Störungen kommen.

Bewegungsablauf beim
Rückwärtssalto aus der
Froschlage.

Bewegungsablauf beim
Vorwärtssalto

1. Neutrale Position

1. Neutrale Position

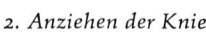

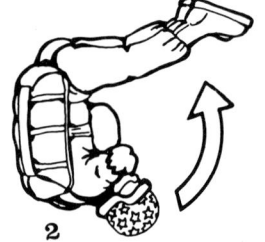

2. Anziehen der Knie

2. Einknicken in der Hüfte

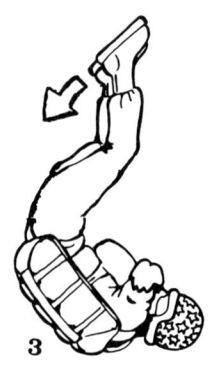

3. Vertikalposition, Blick
▸ht jetzt auf das Reserve-
gerät

3. Anwinkeln der Unter-
schenkel

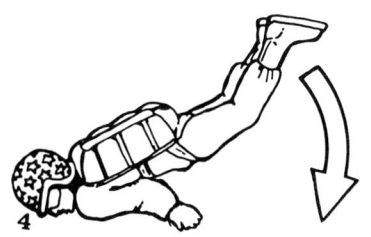
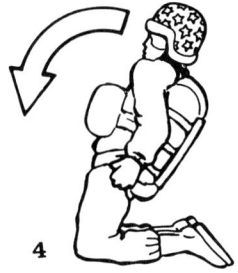

4. Kopf wieder zurück in
n Nacken, Arme werden
hinter die Schulterlinie
▸rückgenommen, zur seit-
chen Stabilisierung etwas
ausgebreitet

4. Vertikalposition, Arme
in leichter Flash-Haltung

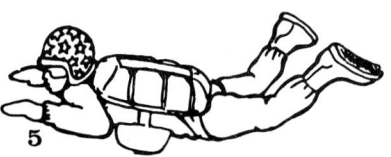
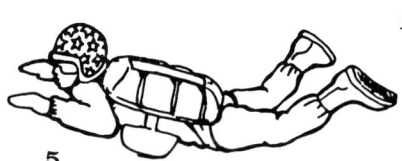

5. Neutrale Position

5. Neutrale Position

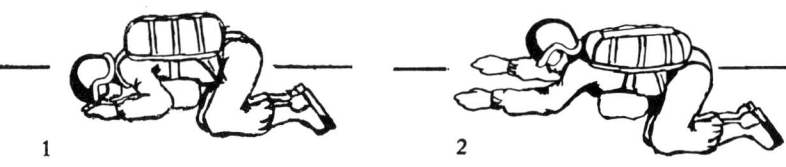

Bewegungsablauf beim Rückwärtssalto aus der reduzierten Position

1. Neutrale Phase, reduzierte Position

2. Vorstrecken der Arme

3. Stehende Position, Arme wandern etwas seitlich und sichern seitliche Stabilität

4. Kopf auf die Brust und Flash-Haltung der Arme

Der Flash in seiner extremsten Form, also ein senkrechter Sturz nach unten, wird auch dazu benutzt, um beim „Stil"-Springen Fahrt aufzunehmen. Insbesondere in den osteuropäischen Staaten wird diese Technik heute noch praktiziert. Schließlich ist der Sturz wesentlicher Bestandteil des Relativ-Springens.

Der „Salto" ist eine weitere interessante und nicht ganz einfache Freifall-Figur, er kann vorwärts und rückwärts gesprungen werden. Der „Rückwärtssalto" ist einfacher, also fangen wir mit ihm an. Zunächst wird er aus der Froschlage geübt, die Beine sind jedoch ziemlich gestreckt und die Arme dafür etwas mehr vorgestreckt. Ohne Bewegung der Arme und des Kopfes werden die Knie schnell bis vor das Reservegerät angezogen. Der Körper richtet sich auf. Steht er, wird der Kopf auf die Brust genommen, der Körper knickt dadurch automatisch etwas ein. Man fällt auf den Rücken, und wenn der durch die Beinbewegung verursachte Schwung ausreichend war, weiter wieder über den Kopf in die Bauchlage. Zur Unterstützung wird der Kopf in den Nacken genommen, wenn der Körper mit dem Kopf senkrecht steht, die Beine werden dann wieder gestreckt und die Arme hinter die Schulterlinie zurückgenommen (halb gepfeilt), um den Salto abzubremsen.

Für das Stil-Springen ist es zweckmäßig, den Salto aus einer anderen Position zu üben, da wir ja weiter vorn festgestellt haben, daß die Beine in einer solchen Position gehalten werden, in der sich die Drehungen möglichst wenig behindern. Sie befinden sich also schon am Reservegerät. In dieser Position werden die Arme weit nach vorn gestoßen, gute Schulterbreite auseinander, um so die seitliche Stabilität zu gewährleisten. Die Arme bleiben vorn, bis die stehende Position erreicht ist, dann kommt der Kopf auf die Brust, der Körper knickt ein und die Arme werden in leicht gepfeilter Haltung am Körper mitgenommen.

Die Ausgangsposition für den „Vorwärtssalto" ist die gleiche wie die zuerst genannte für den Rückwärtssalto. Man läßt den Körper an der Hüfte nach vorn einknicken und unterstützt diese Bewegung, indem man das Kinn auf die

Brust nimmt und die Arme eine kreisende Bewegung durchführen läßt. In Rückenlage werden die Füße ans Gesäß gezogen, der Springer bildet ein Hohlkreuz, und wenn der Körper wieder in die Bauchlage fällt, werden die Arme erneut nach vorn gedrückt, wie in der Ausgangsposition.

Eine „Rolle" um die Längsachse beginnt man am besten aus der T-Lage. Mit dem Arm, zu dessen Seite die Rolle erfolgen soll, taucht man unter den Körper, so als ob man den anderen Arm greifen wolle. Aufgrund der asymmetrischen Haltung wird der Körper auf den Rücken gedreht, dabei wird der gestreckte Arm auch an den Körper herangenommen. Im Weiterdrehen wird der erste Arm wieder gestreckt, damit man nicht gleich anschließend noch eine Rolle macht und danach der zweite Arm. Eine zweite Methode besteht darin, den Körper total zu strecken und die Rolle durch eine Oberkörperbewegung einzuleiten.

Ein Fall in „Rückenlage" ist sehr bequem und es gibt Springer, von denen behauptet wird, daß sie nur so fallen, ein kleines Nickerchen machen und sich lediglich zum Ziehen wieder umdrehen. Das ist natürlich übertrieben, aber man sollte sich einer leichten Gefahr bei der Rückenlage bewußt sein. Der Höhenmesser befindet sich auf der Leeseite, es entsteht ein Unterdruck, und das Gerät gibt eine größere Höhe an als tatsächlich vorhanden. Also lieber nach Stoppuhr springen und frühzeitig wieder umdrehen.

Die Fallgeschwindigkeit in Rückenlage ist etwa um 10 m/s größer als in Bauchlage. Wichtig ist, daß die Füße in Sicht sind. Läßt man den Kopf zu weit sinken, macht man in Rückenlage einen Flash und wundert sich beim Umdrehen, daß man ganz woanders ist als vorher. In die Rückenlage kommt man durch eine halbe Rolle, einen halben Rückwärts- oder Vorwärtssalto, durch jeweils die zweite Hälfte kommt man wieder in die Bauchlage.

Auch in Rückenlagen kann man Drehungen machen. Dazu wird ein Bein etwas gesenkt (das zu dessen Seite man drehen will), das andere Bein wird etwas angehoben, oder aber der innere Arm wird etwas an den Körper herangenommen und der äußere leicht ausgestreckt.

PARA-CENTRO S.A.

PROFESSIONELLE FALLSCHIRMSPRINGERSCHULE

SCHULE

Die Para-Centro S. A. ist eine professionelle Fallschirmspringerschule. Vollamtliche, lizenzierte Berufsinstruktoren vermitteln eine umfassende, seriöse Ausbildung, die auf den modernsten Methoden basiert und vor allem den Faktor Sicherheit in den Vordergrund stellt.

Es finden regelmäßig statt:

- — Erst-Absprünge
- — Grund-Kurse
- — Fortbildungs-Kurse

Selbstverständlich kommt nur modernstes Material zum Einsatz. Es stehen alle notwendigen Einrichtungen zur Verfügung: Zielkreis, Windsack, Faltetische usw.
Das Absetzflugzeug ist eine Turbo Pilatus Porter.

Die Schule ist täglich, ausgenommen montags, von März bis Mitte Dezember geöffnet.

MATERIALVERKAUF

Bei der Para-Centro S. A. finden Sie die größte Auswahl von Fallschirmen und Zubehör in ganz Europa. Die Firma ist bestrebt, alle Artikel des Verkaufs-Programmes lagernd zu führen:

Fallschirme und komplette Ausrüstungen für Schüler, Fortgeschrittene, Wettkämpfer, Piloten, Fallschirmstiefel, Helme, Kombis, Freifallinstrumente und die notwendigen Ersatzteile.

Für alle weiteren Informationen verlangen Sie den Prospekt und/oder Material-Katalog.

PARA-CENTRO S. A.

Aeroporto Cantonale, 6596 Gordola, Tessin, Schweiz, Telefon 093/67.26.51

Demonstrationssprung bei der Einweihung der wieder aufge-
bauten London-Bridge in Californien.

Nacht- und Wassersprünge

Nacht- und Wassersprünge gehören zum Erfahrungsschatz eines fortgeschrittenen Springers. Das schwierigste an ihnen ist leider der organisatorische Aufwand. Nicht auf jedem Flugplatz kann nachts geflogen werden, da die Start- und Landebahnen entsprechend „befeuert" sein müssen. Der Zielkreis muß beleuchtet werden, und zwar so, daß der Springer nicht geblendet wird, außerdem muß der Windsack beleuchtet sein, damit der Springer sich auch bei Nacht jederzeit über Bodenwindrichtung und -stärke orientieren kann. Zur Sicherheit muß der Springer eine Warnleuchte mit sich führen und zusätzlich eine Taschenlampe, mit der er seine Kappe nach der Öffnung zur Kontrolle ausleuchten kann. Der Höhenmesser und die Stoppuhr müssen blendfrei beleuchtet sein, Leuchtziffern reichen allerdings auch. Schließlich muß auch ein beleuchteter Winddrifter zur Verfügung stehen, damit der Springer seinen Absetzpunkt einwandfrei festlegen kann, an der Landestelle des Drifters sollte eine kleine Blinkleuchte stehen. Gerade bei Nacht kann man die Windgeschwindigkeit sehr schwer einschätzen. Während am Boden meist völlige Windstille herrscht, ist in einiger Höhe manchmal beträchtliche Luftströmung anzutreffen.

Als Zeitraum Nacht wurde in den internationalen Fallschirmsportregeln, dem Code Sportif, der Zeitraum zwischen einer Stunde nach Sonnenuntergang und einer Stunde vor Sonnenaufgang festgelegt.

Ein Zielsprung bei Nacht verläuft im Prinzip wie ein Tagessprung, allerdings fällt das Schätzen der richtigen Entfernung zum Ziel doch etwas schwerer. Wichtig ist, den Punkt für die Endannäherung unter Berücksichtigung der fehlenden Windgeschwindigkeit am Boden so dicht vor dem Zielkreis zu wählen, daß man nicht außerhalb des Kreises landet.

Auch Wassersprünge bieten gewisse organisatorische Schwierigkeiten. Es muß eine Zielboje verankert werden, und es sollte mindestens ein Boot in der Nähe sein, das den Springer nach der Wasserung aufnimmt. Bei einer größeren Wasserfläche sollte es unbedingt ein schnelles Motorboot sein, da es ja passieren kann, daß der Springer aufgrund einer Fehlöffnung relativ weit entfernt ins Wasser kommt. Bei kleineren Gewässern reicht ein Schlauchboot. Als Bekleidung genügt — je nach Wetter — eine Badehose. Besteht die Gefahr, daß man auf Land kommt, sollte man besser ein Paar leichte Springerstiefel anziehen und einen Helm aufsetzen.

Auch das Schätzen einer Entfernung ist wegen der mangelnden Erfahrung sehr schwierig. Die Technik der Wasserung ist bereits erklärt worden. Man sollte auf alle Fälle ein Überstreifen des Sitzgurtes über das Gesäß ermöglichen und die Beingurte rechtzeitig vor dem Berühren der Wasseroberfläche öffnen. Das spart wertvolle Sekunden auf dem Weg zur Boje. Hat das Gewässer eine Strömung, sollte man

auf alle Fälle lieber zu kurz springen, so daß die Strömung das Anschwimmen der Boje unterstützt. Aber auch bei stehenden Gewässern ist ein zu knappes Aufkommen besser als ein Darüberhinwegschießen, da man durch den Vorwärtsschwung schneller ans Ziel kommt als wenn man erst wieder umdrehen muß. Zuviel des Guten ist wie stets auch hier von Übel. Wenn man so kurz kommt, daß Kappe und Fangleinen vor oder gar auf der Zielboje liegen, kommt man eventuell gar nicht heran.

Beim Wasserspringen dient eine Boje als Ziel. Die Zeit vom Eintauchen bis zum Anschlagen wird gestoppt.

Nachtsprünge haben ihren besonderen Reiz.

7. Das Relativ-Springen

Die jüngste Disziplin im Fallschirmsport ist das Relativ-Springen oder auch Relativ-Arbeit oder ganz einfach Relativ genannt.

Es bedeutet die Zusammenarbeit von zwei oder mehr Springern während des Freifalls, um bestimmte Figuren zu bilden.

Der Stafettensprung

Es fing an mit einem Blick auf die Leichtathleten. Warum sollte man nicht auch im Freifall eine Stabübergabe durchführen können? Zum Beispiel verlassen vier Springer die Absetzmaschine, einer hinter dem anderen, und der letzte bringt dem vorletzten den Stab, dieser dem zweiten und der dem ersten. Umgekehrt kann man es auch machen, oder sogar beides, wenn Zeit genug ist. Der Phantasie sind keine Grenzen gesetzt. Es ist sicher auch dem Laien klar, daß es einfacher gesagt als getan ist. Auf alle Fälle müssen die Springer alle Dinge, die bisher beschrieben wurden beherrschen, sonst kann das Relativ-Springen sehr gefährlich werden, und es kommt auch nicht viel dabei heraus. Springer jedoch, die die erforderlichen Kenntnisse mitbringen, werden sicher mit einiger Übung ihr Ziel erreichen.

Kleine und große Sterne

Auch das Stafettenspringen war noch nicht das Richtige, man wollte ein echtes Gruppenerlebnis im Freifall, für alle gemeinsam. Die Sterne wurden geboren, manchmal auch respektlos „Ringelpietz mit Anfassen" genannt. Zwei Mann trafen sich, drei, dann vier und mittlerweile steht der offizielle FAI-Weltrekord bei einem 32-Mann-Stern.

Auch die 32 Springer fingen an, wie alle, die wirklich gutes Relativ-Springen machen wollen: allein! Abgesehen von allen Freifallfiguren, muß man auch den Absprung aus der

Maschine hundertprozentig beherrschen, und zwar in alle Richtungen, mit dem Gesicht zum Motor und zum Heck, im Flash und im extrem senkrechten Sturz nach unten. Erst jetzt beginnt das Training mit einem Partner.

Derjenige, der aufgrund seines Gewichts und seiner Fläche am schnellsten fällt, springt zuerst, er bildet die Basis. Seine Haltung soll die geringst mögliche Fallgeschwindigkeit gewährleisten: durch Strecken des gesamten Körpers bietet er die größte Oberfläche und damit die beste Widerstandsfläche. Der zweite Springer folgt ihm auf dem Fuße, jedoch in der kleinsten Position, die er gerade noch stabil fallen kann, und er versucht, möglichst schnell auf die Ebene des ersten zu kommen. Um nicht vorbeizufallen, muß er jedoch rechtzeitig bremsen. Der erste Mann reduziert seine Position auch etwas, wenn sein Kamerad in seine Nähe kommt, um sich dessen Fallgeschwindigkeit anzupassen. Im Idealfall liegen dann beide in mittlerer Position auf einer Ebene etwa 2—3 m horizontal voneinander entfernt. Sie neigen die Handflächen um 45° und fahren so langsam aufeinander zu. Ein Ausstrecken der Hände in diesem Moment wäre verkehrt, da der Körper dann sofort vorn angehoben wird und aufgrund der schrägen Lage zur Luftströmung nach hinten weggleiten würde. Das Gegenteil des gewünschten Effekts würde dadurch erreicht werden. Springen nun mehr als zwei Springer, um einen größeren Stern zu bilden, muß der dritte, vierte und jeder folgende Springer im Flash oder im senkrechten Sturz — je nach Abstand — hinter den beiden ersten hersausen, da eine reduzierte Position zum schnellen Ausgleichen großer Abstände nicht ausreichend ist. Der Sturz muß natürlich rechtzeitig gebremst werden, da sonst mit Sicherheit die bereits stehende Basis zertrümmert würde. Richtig sieht es etwa so aus: der Springer bremst so ab, daß er sich in etwa 10 bis 20 m Entfernung von der Basis auf deren Ebene befindet und gerade noch genug Vorschub hat, um in seine Lücke einzufahren. Beim 4-Mann-Stern sollte

Doppelabsprung. Aber warum sollte man sich nicht auch im Freien Fall „kriegen"?

Mit Stabübergaben fing die Relativ-Arbeit an.

*2-Mann-Basis. Nummer 3
nähert sich ...*

... und fliegt seitlich ein.

*Erst anfassen, dann
trennen.*

Stop! Vor dem Einfliegen die Geschwindigkeit reduzieren.

Jetzt aber lang machen. Der Springer ist an einem Stern vorbeigefallen und versucht, wieder auf dessen Niveau zu kommen.

die 2-Mann-Basis etwa in Flugrichtung liegen und der 3. und 4. Mann aus entgegengesetzten Richtungen die Basis anfliegen. Beim Einfahren in die Lücke ist es sehr wichtig, auf einer Ebene mit der Basis zu arbeiten und nicht von oben draufzufallen oder sich im Vorbeifallen anzuhängen. Springer, die sicher sind, auch langsamer fallen zu können als die vor ihnen liegende Basis (bzw. Stern), fahren etwa 20—30 cm unterhalb der Ebene an, da man durch die Luftwirbel, die seitlich der Springer in der Basis auftreten, etwas angehoben wird. Man muß dabei allerdings sehr vorsichtig sein, damit man nicht unter die anderen Springer rutscht.

Nach dem Einfahren in einen Stern darf man den Griff der beiden Nachbarn erst trennen, wenn der eigene Griff fest und sicher ist. Schon viele Sterne sind aufgerissen, weil dies nicht beachtet wurde.

In 1200 m Höhe muß die Relativ-Arbeit aus Sicherheitsgründen beendet werden. Auf ein verabredetes Zeichen trennt man, alle Springer machen eine 180° Drehung und flashen auseinander wie eine explodierende Feuerwerksrakete.

Im Prinzip sieht das Bilden eines größeren Sterns genau so aus wie beim 4-Mann-Stern, nur werden die Schwierigkeiten mit jedem Springer mehr erheblich größer. Um die Dauer des Absprungverlaufs zu reduzieren, benutzt man zwei oder mehr Absetzflugzeuge. Es ist klar, daß nur eine eiserne Disziplin große Sterne ermöglicht, bei aller Lässigkeit am Boden, im Flugzeug und im Freifall gelten klare Absprachen, und wer die nicht einhält, der bleibt beim nächstenmal eben unten.

Eine natürliche Grenze für große Sterne bildet die Absprunghöhe. Über 5000 m werden Sauerstoffgeräte benötigt und der dafür erforderliche organisatorische Aufwand würde sicher den Spaß am Stern wieder zunichtemachen.

Auch das zu hohe Einfliegen endet stets ...

... im Chaos.

(oben) Raupe   *(Mitte) Linie*   *(unten) Schneeflocke*

Andere Figuren

Im Zusammenpuzzeln von Springerkörpern während des Freifalls sind der Phantasie natürlich keine Grenzen gesetzt. Durchgesetzt haben sich vor allem sechs Figuren für Vierer-Mannschaften, die auch in das Programm der ersten Relativ-Weltmeisterschaft 1975 aufgenommen worden sind. Sie alle können auch mit mehr als vier Springern gebildet werden.

Bei der „Schneeflocke" liegen sich zwei Springer gegenüber, und bei jedem hängt an den Füßen noch ein weiterer Springer.

Beim Kanadischen T liegen zwei Springer nebeneinander. An ihrem inneren Fuß hält sich der dritte Springer fest, hinter ihm liegt der vierte.

Das Y hat sich aus einem einfachen T entwickelt, dies war für Schiedsrichter nicht einwandfrei zu beurteilen. Je zwei Springer lagen sich gegenüber und bildeten „Quer-" und „Vertikal-Strich". Fast automatisch knickt der „Querstrich" ein und so wurde das Y daraus.

Im sogenannten „Murphy-Stern" (benannt nach seinem Schöpfer Murphy, Irland) liegt ein Springer nicht mit dem Kopf zum Sternmittelpunkt, sondern mit den Füßen.

Eine sehr hübsche Formation ist der „Diamant". Ein Springer liegt vorn an der Spitze, hinter ihm folgen zwei, die seitlich versetzt liegen und ihn mit einer Hand am Fuß fassen. Der innere Fuß von ihnen wird wiederum vom letzten Springer erfaßt.

Am einfachsten zu beschreiben, jedoch am schwierigsten zu springen ist die „Raupe". Bei ihr liegen alle vier Springer hintereinander.

Sicherlich bleibt die Entwicklung des Relativ-Springens nicht auf dieser Stufe stehen, sie befindet sich — zumindest in Europa — erst am Anfang. In den USA, dem Geburtsland der Relativ-Arbeit, wo es in einigen Gebieten allein aufgrund des permanent blauen Himmels wahre Springerparadiese gibt, ist man unerschöpflich im Erfinden immer neuer Formationen, die meist aus Sternen entwickelt werden. Die Amerikaner nennen es „Sequential Relative Work". Wenn der Stern steht, trennen sich die Springer wieder und formieren sich zu den phantastischsten Figuren um. Immer mehr Springer zieht die Disziplin Relativ in ihren Bann. Bei richtiger Durchführung ist sie auch für den Zuschauer äußerst attraktiv.

Hereinspaziert! So geht's aber eigentlich nicht, denn der Stern wird es nicht überstehen.

4-Mann-Stern

Salto rückwärts

Anschlußformation
Diamant

Ein großer Stern entsteht

linke Seite:
Teddy-Stern

Akkordeon

Relativ bei Nacht

Stern aus Springer-Perspektive

27-Mann-Stern über Elsinore (Kalifornien)

8. Wettbewerbe

Einzel- und Gruppenzielspringen

Das Zielspringen war die erste Disziplin im Fallschirmsport. Es wurde ein Zielkreuz aus zwei Tuchstreifen ausgelegt, wer am dichtesten beim Kreuz landete, hatte gewonnen. Entfernungen in -zig Metern waren normal. Dann wurden die Schirme verbessert, hin und wieder kam auch schon ein Springer in die Mitte des Zielkreuzes. Daher legte man das Kreuz aus vier Streifen und ließ die Mitte frei, um besser messen zu können. Es dauerte nicht lange, und die Zielscheibe wurde geboren, zunächst mit einem Durchmesser von 15 cm, dann von 10 cm. Berührt der Springer sie mit irgend einem Körperteil, bevor er woanders den Boden berührt, erhält er null Punkte. Jeder Zentimeter, den sich diese erste Berührung vom Scheibenrand entfernt, bringt 0,01 Punkte. Nur Landungen innerhalb des 10-Meter-Kreises (10 m Radius) werden gemessen, d. h. der Springer kann für einen Zielsprung maximal 10,00 Punkte erhalten. Logischerweise gewinnt der Springer einen Wettbewerb, der die geringste Punktzahl oder Gesamtentfernung hat. Seit 1974 gibt es eine elektronische Zielscheibe. Sie wurde erstmals in der UdSSR entwickelt. Unbestechlich und zentimetergenau meldet sie das Sprung-Ergebnis in Bruchteilen einer Sekunde an eine Leuchtskala, und zwar bis zu einer Entfernung von 15 cm. Das Zielkreuz ist mittlerweile an den Rand des 10-Meter-Kreises verdrängt worden. Seine eigentliche Funktion hat es verloren, es dient nur noch zum Signalisieren von Sprungverboten. International wurden hierfür folgende Zeichen festgelegt: zwei gegenüberliegende Arme eingezogen heißt „zeitweiliges Sprungverbot, Maschine soll oben bleiben", alle vier Arme eingezogen bedeutet „totales Sprungverbot, Maschine sofort landen". Das zweite Zeichen wird z. B. gegeben, wenn der Wind die Grenze der noch zulässigen Geschwindigkeit überschreitet, während die Maschine gerade hochsteigt. Über Funk und per kontrastfarbenem Rauch werden die Signale unterstrichen.

Die zulässige Windgeschwindigkeit für das Zielspringen beträgt 7 m/s. Sie wird in einer Höhe von 6—10 m gemessen. Der Wind in 300 m Höhe kann also durchaus stärker sein. Grundsätzlich wird in einen Zielkreis gesprungen, der mindestens 15 m Radius haben soll. In der Mitte liegt ein kleinerer Kreis aus Sand oder Feinkies, der Rest ist etwas gröberer Wasch- oder Flußkies, der schön rollig sein muß. So sind selbst Landungen mit hoher Geschwindigkeit harmlos. Vor dem Beginn eines Durchgangs wirft ein Schiedsrichter in einer bekannt gegebenen Höhe einen Winddrifter genau über dem Zielkreis ab, den alle Springer vom Kreis aus

beobachten. Sein Landepunkt wird auf einem Luftbild markiert. Nach einer Unterbrechung eines Wettbewerbes von über 30 Minuten muß ein neuer Drifter geworfen werden. Meist folgt nach dem Winddrifter in einem neuen Anflug ein sogenannter Windspringer, aus dessen Weg zum Ziel die Wettbewerbsteilnehmer ebenfalls wertvolle Rückschlüsse ziehen können.

Als Absprunghöhe in einem Einzelzielsprungwettbewerb wird meist eine bestimmte Höhe zwischen 700 und 1000 m festgelegt, eine maximale Freifallzeit wird vorgegeben, die Absetzfrequenz liegt etwa bei einer Minute.

Da jedoch Einzelanflüge wegen der längeren Flugzeit relativ teuer sind, werden sie meist nur noch bei Meisterschaften praktiziert.

Teilnehmer an Weltmeisterschaften absolvieren zehn Sprünge, die alle gewertet werden. Der Weltmeister von 1972, Majer (CSSR), hatte ein Total von 0,12 m!

Bei normalen Wettbewerben kombiniert man Gruppen- und Einzelzielspringen. Der Sprung einer Gruppe wird für die Gruppenwertung herangezogen und die Ergebnisse jedes einzelnen Gruppenmitgliedes für die Einzelwertung. Im allgemeinen besteht eine Gruppe aus vier Springern, in Ausnahmefällen auch nur aus drei, die Absetzhöhe ist meist 1000 m. Da das Ziel nur einmal vorhanden ist, dürfen natürlich nicht alle vier Springer gleichzeitig dort ankommen, weil sie sich gegenseitig behindern würden. Man springt also in kurzen Zeitabständen beim gleichen Anflug ab und öffnet die Schirme so, daß eine gewisse Höhenstaffelung entsteht. Als maximale Freifallzeit sind meist zehn Sekunden vorgegeben, nur der erste Springer wird gestoppt. Um keine Strafpunkte wegen Zeitüberschreitung zu bekommen, wird er spätestens nach neun Sekunden öffnen; der zweite beispielsweise nach sechs, der dritte nach drei und der letzte öffnet sofort nach Verlassen der Maschine. Auch die Sinkgeschwindigkeit am Schirm (die sehr unterschiedlich sein kann!) spielt eine Rolle. Sinkt ein Springer schneller als sein vor ihm gesprungener Kamerad, kann er ihn trotz anfänglicher Staffelung einholen und zusammen mit ihm landen. Damit sind meist alle Chancen auf ein gutes Ergebnis dahin. Zur einwandfreien Einhaltung ihrer vor dem Sprung abgesprochenen Freifallzeiten benutzen die Springer ihre Stoppuhren, der Höhenmesser wäre zu ungenau.

Die allgemeinen Wettbewerbsbestimmungen für Ziel-, Stil- und Relativ-Wettbewerbe sind im Code Sportif, Sektion 5, (Fallschirmsport) des Internationalen Luftsportverbandes (FAI) festgelegt, in der BRD gibt es zusätzlich die „Wettbewerbsordnung für Deutsche Meisterschaften" (WDM).

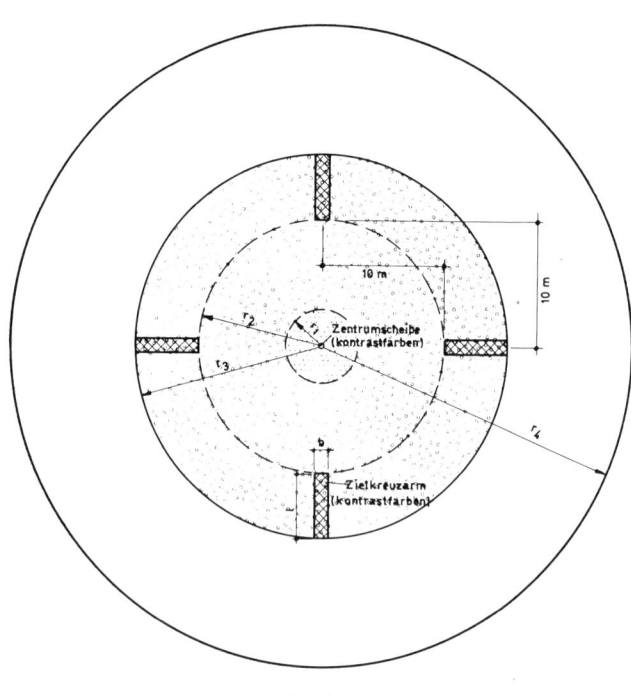

Zielkreis

$r_1 \geqq 3$ m (Sand oder Feinkies); $r_2 = 10$ m (deutlich markierter Kreis);
$r_3 \geqq 15$ m (Wasch- bzw. Flußkies); $r_4 = 25$ m (deutlich markierter Kreis).
Zentrumscheibe ø 10 cm; Zielkreuzarm b $\geqq 1$ m; l $\geqq 5$ m.

*Jeder Zentimeter vom markierten Berührungspunkt zum Rand
der Zielscheibe zählt.*

Voller Einsatz für das Erreichen der Ziel- bzw. Nullscheibe.

Die elektronische Zielscheibe

Gruppenzielsprung

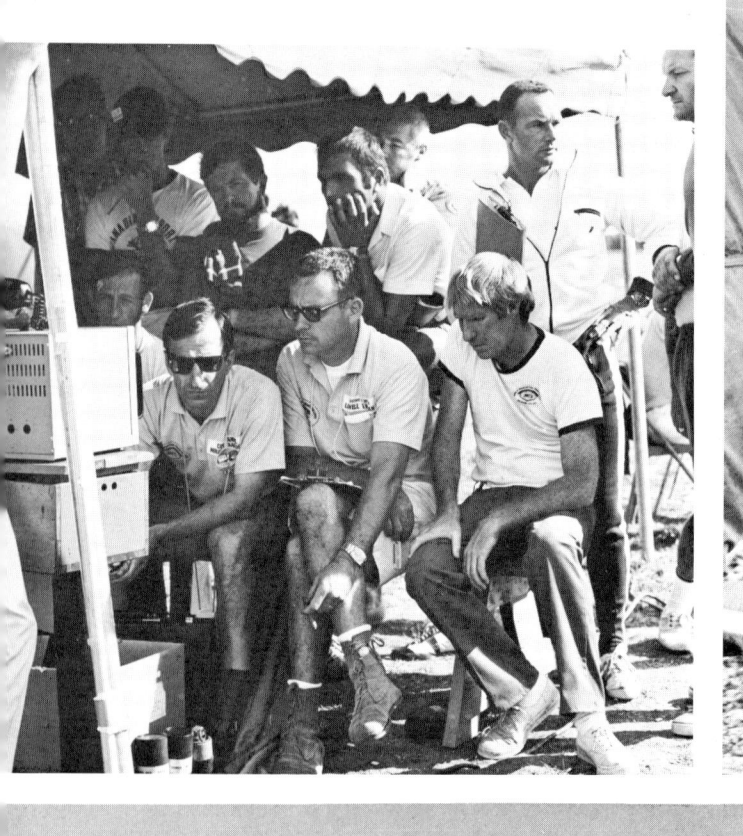

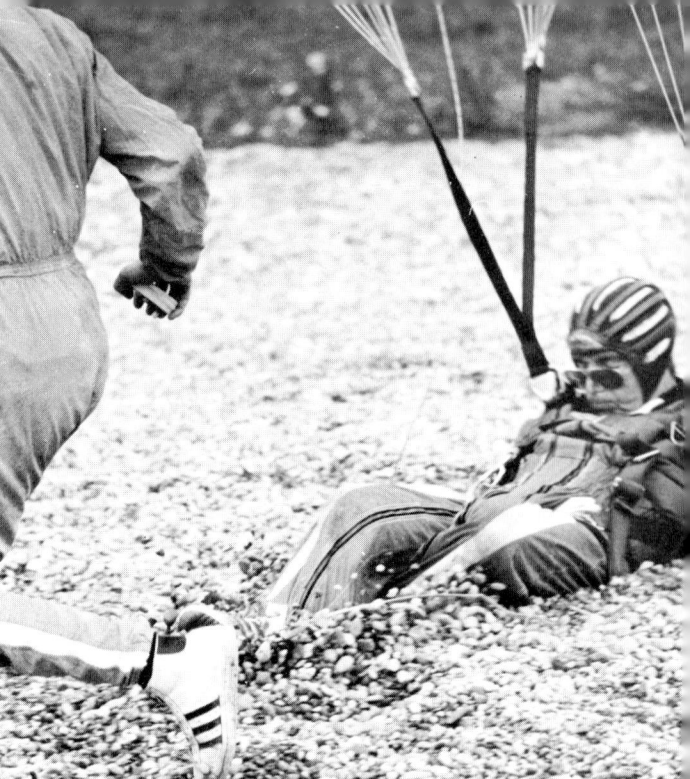

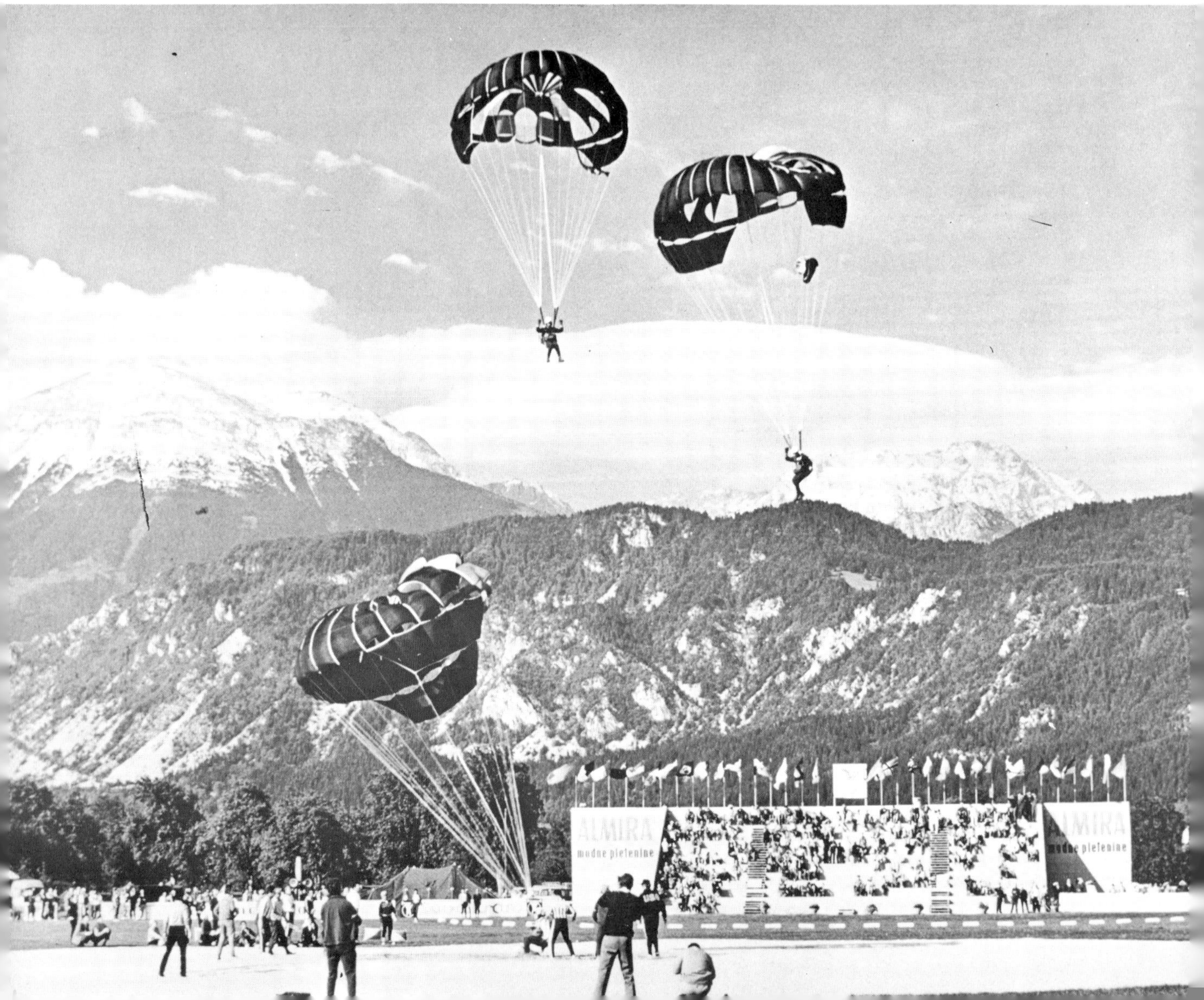
ALMIRA
modne pletenine
ALMIRA
modne pletenine

Stilspringen und Kombination

Das Stilspringen ist eine Einzeldisziplin, die im Freifall durchgeführt wird. Die Stilprogramme enthalten Drehungen und Rückwärtssalti.

Es gibt folgende drei Programme:

1. Programm	2. Programm	3. Programm
Drehung links	Drehung rechts	Drehung links
Drehung rechts	Drehung links	Drehung rechts
Salto rückwärts	Salto rückwärts	Salto rückwärts
Drehung links	Drehung rechts	Drehung rechts
Drehung rechts	Drehung links	Drehung links
Salto rückwärts	Salto rückwärts	Salto rückwärts

(oben links) In kritischen Windsituationen ist der Windmesser stets von Schiedsrichtern und Mannschaftsführern belagert.

(unten) Landung einer Gruppe (der vierte Springer ist außerhalb des Bildes).

Der Springer weiß, welches Programm er fliegen muß, bevor er in die Maschine steigt. Nach dem Absprung liegt er grundsätzlich mit dem Kopf zu den Schiedsrichtern, die ihn vom Boden aus durch Telemeter (starke Ferngläser) beobachten. Frühestens nach fünf Sekunden Freifall kann er sein Programm beginnen. Sowie er seine Körperrichtung ändert, läuft die Zeitnahme und endet, wenn er nach dem letzten Salto die Horizontale erreicht. Außerdem beobachten die Schiedsrichter die Exaktheit der Figuren. Ist z. B. eine Drehung nicht geschlossen (360°) sondern um 0—25° unterdreht, gibt es eine halbe Strafsekunde, von 26—45°, von 46—90° dreieinhalb und über 90° sechzehn Strafsekunden. Mehr als sechzehn Sekunden insgesamt kann der Springer nie bekommen, auch nicht wenn Programmzeit und Strafzeiten mehr ergeben würden. Übrigens erhält er ebenfalls sechzehn Sekunden, wenn er ein falsches Programm fliegt.

Modernstes Hilfsmittel der Schiedsrichter für die Beurteilung der Stilprogramme sind Video-Kameras. Allerdings dürfen wegen des zweidimensionalen Bildes nur bestimmte Fehler nach dem Band bewertet werden. Auch darf es nur zweimal abgespielt werden, einmal normal und einmal in Zeitlupe, dann muß jeder Schiedsrichter sein unabhängiges Urteil gefällt haben. Da die Spitzen-Stilzeiten schon unter sieben Sekunden liegen, ist die Aufgabe der Schiedsrichter äußerst schwierig.

Die Kombination aus dem Ziel- und dem Stilspringen ergibt sich aus dem Mittel der Zielwertung und dem halben Mittel der Stilwertung.

oben: Ein Weltmeister in idealer Stilausgangsposition.

Mitte: Kein Weltmeister — aber eine recht gute Haltung beim Rückwärtssalto.

Der Springer muß sich mit dem Kopf zum Zielkreis aus= richten. Dahinter stehen die Schiedsrichter und − falls vor= handen − eine Video=Kamera.

Während das Stilprogramm eines Springers abläuft, diktiert der Schiedsrichter die beobachteten Fehler sofort.

Eine Video-Kamera ist eine wertvolle Unterstützung.

Der Springer hat sein Stil-Programm beendet. Die Zeit wird oben rechts im Bildschirm eingeblendet.

Relativspringen

Lange Zeit gab es je eine Einzeldisziplin im Freifall und mit geöffnetem Schirm (Stil- und Zielspringen), aber nur eine Gruppendisziplin am geöffneten Schirm (Gruppenzielspringen) und nicht im Freifall. Diese Lücke ist seit kurzer Zeit durch das Relativspringen geschlossen. Die erste Relativweltmeisterschaft fand 1975 in Warendorf (BRD) statt.

Zwei Gruppenstärken haben sich für Relativwettbewerbe herauskristallisiert. Die Zehnergruppen springen aus 3000 m Höhe einen Stern. Es wird die Zeit gewertet, die sie zur Bildung des Sterns benötigen. Außerdem gibt es pro Springer im Stern einen Punkt. Wenn also eine Mannschaft einmal nur einen Neuner-Stern zustande bringt, ist sie noch nicht völlig chancenlos, der Konkurrenz kann dies sehr leicht auch passieren. Es ist klar, daß die Geschwindigkeit, in der die Springer aus dem Flugzeug oder Hubschrauber rauskommen, eine entscheidende Rolle spielt. Um zu verhindern, daß alle nach draußen klettern, sich irgendwo festkrallen und auf Kommando wie die „reifen Pflaumen" fallen lassen, wird genau vorgeschrieben, daß kein Körperteil oder Teil der Ausrüstung eines Springers außerhalb der Absetzmaschine sichtbar sein darf. Die Springer müssen die Maschine alle durch die gleiche Tür verlassen. Die Zeit läuft vom Abgang des ersten Springers an. Der Stern muß mindestens fünf Sekunden gehalten werden. In Europa gibt es im Moment etwa dreißig Zehnergruppen, die den Stern einigermaßen zuverlässig springen. Größtes Handicap ist für sie das Wetter und die wenigen geeigneten Absetzmaschinen, die dazu noch recht teuer sind. In den USA sind die Voraussetzungen sehr viel günstiger.

Das Programm für Vierer-Mannschaften ist delikat. Um von vornherein akrobatische Abgänge — die ja mit Relativ-Arbeit nichts zu tun haben — zu vermeiden, müssen die Springer aus 2 500 m zunächst einen Vier-Mann-Stern springen, dessen Zeit nicht gewertet wird. Anschließend macht jeder einen Salto rückwärts und die Vier bilden dann in sechs Sprüngen je einmal Schneeflocke, Y, Murphy-Stern, Diamant, Kanadisches T und Raupe. Die Zeitnahme beginnt beim Lösen der Griffe zum Salto rückwärts und endet, wenn die Formation steht. Sie muß mindestens drei Sekunden gehalten werden. Auch in dieser Disziplin gibt es pro Springer in der Endformation einen Punkt. Die Möglichkeiten, diese Formationen zu trainieren, sind auch in Europa recht gut, da es damit keine Maschinenprobleme gibt. Die Franzosen haben bereits das amerikanische Niveau erreicht.

Kanadisches T

Murphy-Stern

Fallschirm und Ski

Aufgrund des meist ungünstigen Wetters ist in vielen Vereinen im Winter tote Saison. Wer jedoch einmal das Glück hatte, bei strahlendem Sonnenschein über einer verschneiten Landschaft am Schirm zu hängen, weiß, daß es eine herrliche Sache ist, besonders in den Bergen. Schon früh wurde daher die Idee geboren, Kombinationswettbewerbe aus Zielspringen und Skifahren durchzuführen. Seit 1965 wurde jährlich unter Beteiligung aller Alpenländer ein Para-Ski-Cup ausgetragen, der 1973 zum Para-Ski-Weltcup erweitert wurde. Auch auf nationaler und regionaler Ebene werden regelmäßig Fallschirm-Ski-Wettbewerbe organisiert.

Der skifahrerische Teil besteht stets aus einem Riesentorlauf, der entsprechend den Regeln des Int. Ski-Verbandes (FIS) durchgeführt und bewertet wird. Als Zielsprünge sind sowohl Tal- als auch Bergsprünge vorgesehen, letztere in Höhen über 1 500 m über NN.

Das Springen in den Bergen — noch dazu in größeren Höhen — ist nicht so ganz einfach, da der Springer außer mit der geringeren Luftdichte und der deswegen größeren und ungewohnten Sinkgeschwindigkeit auch mit größerer Kälte und oft mit äußerst trickreichen Windverhältnissen zu kämpfen hat. Besonders schwierig wird es darüber hinaus, wenn der Zielkreis an einem Schräghang liegt. Kommt man von oben, schießt man leicht über die Zielscheibe hinaus, versucht man es von unten, läuft man Gefahr zu „verhungern". Am besten ist eine Annäherung parallel zum Hang, aber nicht immer paßt auch die Windrichtung dazu.

Schiedsrichtertätigkeit

Wie in allen Sportarten, benötigt man auch im Fallschirmsport Schiedsrichter, um Wettbewerbe korrekt und fair zu bewerten, und wie auch in den anderen Sportarten ist diese Tätigkeit nicht so ganz einfach. Beim Zielspringen entscheiden mindestens drei Schiedsrichter über den ersten Berührungspunkt am Boden; sie beobachten den Springer von verschiedenen Seiten. Jeder hält einen Stecker mit der Spitze am von ihm gesehenen Berührungspunkt flach auf den Boden. An der Stelle, über die mindestens zwei Schiedsrichter in der Beurteilung als Berührungspunkt übereinstimmen, wird ein Stecker gesteckt und von ihm bis zum Rand der Zielscheibe die Entfernung auf den Zentimeter genau gemessen. Automatisch registrierende Zielscheiben befinden sich in der Entwicklung.

Zu den Aufgaben der Schiedsrichter gehört ferner das Stoppen der Freifallzeit, die Kontrolle der Windgeschwindigkeit und die Entscheidung über Wiederholungssprünge in bestimmten Fällen.

Noch schwieriger wird die Arbeit der Schiedsrichter beim Stil- und Relativspringen. Es gehört viel Routine und eine

ungeheure Konzentration dazu, sechs Figuren, die in wenigen Sekunden vorgeführt werden, korrekt zu beurteilen. Hinzu kommt, daß der Schiedsrichter die Programme „verkehrt" sieht. Macht der Springer z. B. eine Rechtsdrehung, dreht er vom Schiedsrichter aus gesehen nach links. Mindestens fünf Schiedsrichter müssen einen Wettbewerbsstilsprung beobachten, auf einer Weltmeisterschaft sogar mindesten sieben. Die offiziele Zeit für das Stilprogramm ist jeweils das Mittel aus den drei mittleren Zeiten, die anderen Zeiten entfallen. Auch Strafzeiten gibt es nur, wenn die Mehrheit der Schiedsrichter sie notiert hat. Wie schon erwähnt, werden heute teilweise moderne Videokameras zur Unterstützung der Schiedsrichter benutzt. Diese Kameras kann man auch für das Relativspringen einsetzen. Obwohl sich bei dieser Disziplin die Springer höher befinden, als ein Stilspringer, ist die Beobachtung doch etwas einfacher. Die Formationen werden von mehreren Springern gebildet und sind daher größer. Außerdem kommen die blitzschnellen Bewegungen eines Stilspringers nicht vor.

Fallschirmsport als olympische Disziplin?

Fallschirmsport bei Olympischen Spielen hat es bisher erst zweimal gegeben, beide Male als Randerscheinung. 1968 sprangen fünf französische Fallschirmsportler zur Eröffnung der Olympischen Winterspiele in Grenoble genau in die im Stadion ausgelegten Olympischen Ringe.
1972 sprangen sechs Kieler Fallschirmsportler zur Eröffnung der Segelwettbewerbe in Kiel auf eine in der Kieler Förde verankerte schwimmende Insel.
In den sechziger Jahren wurde einmal der erfolglose Versuch gemacht, den Fallschirmsport in die olympischen Disziplinen einzureihen. Aber der Trend geht mehr dahin, die Zahl dieser Disziplinen zu reduzieren, um die Spiele nicht in einem immer größer werdenden Gigantismus abgleiten zu lassen. Dies ist die einzige Begründung für eine Ablehnung. Um seine Anerkennung als Sport braucht der Fallschirmsport heute nicht mehr zu buhlen, Vergleichen mit anderen Olympischen Disziplinen (z. B. Turmspringen-Stilspringen, Segeln-Zielspringen) hält er mühelos stand. Der organisatorische Mehraufwand wäre abgesehen von der Unterbringung zusätzlicher Teilnehmer gering. Es müssen nicht Millionen für ein Stadion ausgegeben werden, das anschließend nicht voll genutzt wird, knappe zehntausend Mark für einen Zielkreis sind ausreichend. Außerdem müßten vier Hubschrauber zur Verfügung stehen. Das wäre alles.
Vorläufig wird es aber bei den im Zweijahresrhytmus stattfindenden Weltmeisterschaften bleiben, ab 1975 wird im jeweils dazwischen liegenden Jahr eine getrennte Relativ-Weltmeisterschaft stattfinden. 31 Nationen waren auf der XI. Weltmeisterschaft 1974 vertreten, in über 60 Ländern wird heute der Fallschirmsport betrieben, der gerade 25 Jahre alt ist.

9. Rekorde

Bis vor kurzem gab es eine Flut von 320 verschiedenen Rekorden im Fallschirmsport, die aber inzwischen auf 40 eingedämmt wurde.

Für Einzelsprünge gibt es drei verschiedene Klassen: Höhensprünge, Zielsprünge und Stilsprünge. Bei den Gruppensprüngen gelten die gleichen Klassen, lediglich die Stilsprünge werden durch Relativ-Sprünge ersetzt.

Alle Rekorde werden für Damen und Herren, sowie für Tag und Nacht getrennt geführt. Als Rekordleistung bei Höhensprüngen gilt die Freifallstrecke, bei Gruppen das Mittel dieser Strecke. Interessant ist, daß der von J. Andrejew gehaltene Höhenrekord von dem Amerikaner Joseph W. Kittinger schon vorher mit 30,84 km aufgestellt war, jedoch wegen der Benutzung eines Stabilisierungsfallschirms nicht anerkannt wurde. Seine Freifallzeit betrug 4 Minuten 37 Sekunden.

Rekordleistung bei Zielsprüngen ist die Zahl der aufeinanderfolgenden Nullsprünge und die Entfernung des ersten Sprungs, der kein Nullsprung mehr ist. Bei Gruppensprüngen zählt die Zahl der aufeinanderfolgenden Nullsprünge der gesamten Gruppe und die Gesamtentfernung des ersten Sprungs, der kein Nullsprung mehr ist. Die Gruppenstärke kann vier, sechs, acht oder zehn Springer sein, das gilt übrigens auch für Gruppenhöhensprünge.
Bei Stilsprüngen zählt nur die Zeit als Mittel aus drei aufeinanderfolgenden Sprüngen, die alle drei Programme beinhalten. Lediglich Sprünge ohne Strafzeiten werden berücksichtigt.

Bei den Relativsprüngen gibt es zwei Rekorde: die schnellste Zeit für einen 10-Mann-Stern und der größte Stern (Zahl der Springer) überhaupt.

Eine Zusammenstellung der gültigen Weltrekorde befindet sich am Schluß des Buches.

10. Leistungsabzeichen

Das maßgebliche Gremium des Internationalen Luftsportverbandes (FAI), die Internationale Fallschirmsport-Kommission (CIP), in der jede Nation durch einen Delegierten vertreten ist, hat die Mindestbedingungen für Internationale Leistungsabzeichen festgelegt. Es gibt sie in 7 Stufen:

Die entsprechenden Sprünge müssen von Sportzeugen bestätigt werden, die in den Vereinen diese ehrenamtliche Funktion ausüben. Sportzeugen sind in etwa Schiedsrichter, nur ist die Ausbildung nicht so umfangreich.

* Zusätzliche Sprünge für die Leistungsabzeichen F und G:
  F: 10 Stilsprünge (beliebige WM-Serie) ohne Fehler, jeder in mindestens 16 Sekunden.
  G: 10 Stilsprünge (beliebige WM-Serie) ohne Fehler, jeder in mindestens 12 Sekunden oder
  10 Relativ-Sprünge, einfliegen in eine Relativ-Formation als Fünfter oder später.
  5 Nacht-Sprünge mit Ziellandung im 5-Meter Kreis.
  3 Wassersprünge mit Erreichen der Zielboje innerhalb von 5 Sek.

Leistungs-Abzeichen	Gesamt-sprung-zahl	Manuelle Sprünge Zahl	Manuelle Sprünge Freifallzeit [sec]	Ziel-Sprünge Zahl	Ziel-Sprünge Entfernung [m]
A	10	—	—	—	—
B	25	10	10	10	50
C (Silbernes Abzeichen)	50	15	15	20	25
D (Goldenes Abzeichen)	100	20	20	20	15
E (Goldenes Abzeichen m. 1 Diamant)	200	30	30	20	10
F* (Goldenes Abzeichen m. 2 Diamanten)	300	10	40	20	5
G* Abzeichen m. 3 Diamanten)	500	10	60	20	1

Sequenz=Relativarbeit in professioneller Perfektion: Ein 16er=Diamant des United States Freefall Exhibition Teams über Casa Grande, Arizona.

11. Medizinisch-psychologische Aspekte

Aus der Sicht der Sportmedizin birgt das Fallschirmspringen verschiedene Aspekte von besonderem Interesse.

Früher herrschte — wie bereits erwähnt — die Ansicht vor, der Mensch könne den Freifall gar nicht überstehen, ohne bewußtlos zu werden. Daß dies nicht der Fall ist, sondern daß man in dieser Phase seinen Körper völlig unter Kontrolle haben kann, sogar schwierige Manöver allein und zu mehreren durchführen kann, beweist die Praxis. Sämtliche Steuerungsorgane des menschlichen Organismus, insbesondere das Gleichgewichtsorgan, sind also auch dieser doch sehr unphysiologischen Stituation gewachsen.
Erstaunlich ist auch, wie gut der Organismus eine weitere starke Belastung während des Sprunges, nämlich den Öffnungsstoß des Fallschirms verträgt. Der fallende Körper wird dabei innerhalb von etwa zwei Sekunden von ca. 200 km/h auf weniger als 20 km/h abgebremst. Hierbei kommt es zu einer gewaltigen Belastung der Wirbelsäule. Trotzdem hat man in einer in Frankreich durchgeführten Untersuchung an einem größeren Kollektiv von Springern mit durchschnittlich ca. 2000 Sprüngen festgestellt, daß es zu keinen nennenswerten Wirbelsäulenveränderungen gekommen ist.

Die Situation mit dem größten Verletzungsrisiko beim Fallschirmsprung stellt die Landung dar. Typische Verletzungen sind Prellungen, Verstauchungen und Frakturen. Besonders gefährdet sind die unteren Extremitäten und die Wirbelsäule.

Ein besonderes medizinisches Problem bringen Höhensprünge mit sich, d. h. Sprünge aus Höhen über 5 000 m NN. Da in diesen Höhen der Sauerstoffgehalt stark abnimmt, droht die Gefahr der sogenannten Hypoxie. Springer, die aus diesen großen Höhen springen wollen, müssen sich vorher einem Test in einer Unterdruckkammer unterziehen. Haben sie diesen Test bestanden, so muß beim Sprung selbst ein Sauerstoffgerät mitgeführt werden. Die meisten tragischen Unfälle bei Höhensprüngen ereignen sich durch Defekte an diesen Geräten. Neben dem Problem der Hypoxie ist die große Kälte in diesen Höhen eine weitere starke Belastung für den Fallschirmspringer.

Eines der interessantesten Probleme beim Fallschirmsport ist die Frage, wie der einzelne Springer mit der psychischen Belastung des Absprungs fertig wird. Hierzu sind verschiedene Untersuchungen, insbesondere in den USA, durchgeführt worden. Man hat anhand verschiedener Kriterien (Atemfrequenz, Herzfrequenz, Schweißsekretion der Haut) festgestellt, daß es einen charakteristischen Unterschied zwischen einem Sprungschüler und einem erfahrenen Springer gibt. Während beim Sprungschüler die „Angst" kontinuierlich bis zum Moment des Absprunges zunimmt und dann einer Phase der „psychischen Erschlaffung" weicht, ist es beim erfahrenen Springer anders: er erlebt eine maximale psychische Aktivierungsphase in der Nacht vor dem Sprungtage, am Sprungtage und bei der Sprungvorbereitung ist dieser Aktivierungszustand nicht so stark ausgeprägt, nimmt aber dann während des Sprunges wieder stark zu und hält bis zur Landung an. Mit anderen Worten, der Sprungschüler steht solange unter Stress, bis er das Flugzeug verlassen hat — der Absprung ist für ihn das Schwierigste, dann hat er es geschafft. Beim erfahrenen Springer dagegen ist der Streß dann vorhanden, wenn auch die Risiken am größten sind, nämlich während des Sprunges selbst.

Medizinisch gesehen erklärt sich die Belastung eines Springers durch die Tatsache, daß in seinem Körper für eine gewisse Phase das sympathische Nervensystem maximal aktiviert ist. Es ist dies ein Teil des autonomen Nervensystems, vereinfacht ausgedrückt kann man sagen, der Körper ist auf „Alarm" eingestellt. So erklärt sich auch die Ermüdung nach mehreren Sprüngen, obwohl man meinen sollte, daß ein Sprung verglichen z. B. mit einem Langstreckenlauf, eine so große Belastung nicht ist.

Es stellt sich nun die Frage, wie ein Springer sein Training gestalten sollte. Wie bereits erwähnt, ist die körperliche Beanspruchung durch den Sprung im Sinne einer Muskelarbeit sehr gering. Trotzdem treten Situationen auf, besonders bei der Landung, die vom Springer absolute körperliche Fitness erfordern. Daraus resultiert die Forderung, daß ein Fallschirmsportler neben dem reinen Sprungtraining, Ausgleichssport treiben muß. Hierzu sind am besten gymnastische Übungen und Turnen geeignet, außerdem konditionsfördernde Übungen wie Läufe oder Schwimmen. Die Gewöhnung an die psychische Belastung des Sprunges jedoch ist, abgesehen von der speziellen persönlichen Strukturierung des Einzelnen, einzig und allein eine Frage der Erfahrung und der Sprungzahl. Hiermit erklärt sich auch die Tatsache, daß Fallschirmsportler im allgemeinen ihren Leistungshöhepunkt erst im Alter von ca. 30 Jahren erreichen, d. h. nach etwa 10 Jahren aktiven Springens.

12. Sicherheit im Fallschirmsport

Fallschirmsport wird von Außenstehenden sehr häufig als gefährlich angesehen, die erste Frage an den Aktiven lautet fast stereotyp: „Und wenn der Schirm einmal nicht aufgeht?" Glücklicherweise ist in den letzten Jahren dieses einseitige Image des Fallschirmsports durch eine objektive Berichterstattung in den öffentlichen Medien verbessert worden. Es soll in diesem Buch über den Fallschirmsport nicht verschwiegen werden, daß der Sport gefährlich werden kann, sogar tödlich.

Aber die Gefährlichkeit ist nicht sein Charakter, und sie ist es auch nicht, die diesem Sport mehr und mehr Anhänger hinzugewinnt. Fast alle Springer besitzen ein ausgeprägtes Sicherheitsbewußtsein — mögen einige auch sonst vielleicht in anderen Dingen sehr lässig sein. Wenn es um die Sicherheit beim Springen geht, versteht keiner Spaß.

Trotzdem kommt es zu Unfällen im Fallschirmsport. Worin liegen die Ursachen?

Naturgemäß liegt der kritische Punkt bei der Landung. Obwohl sie bei zugelassenen Windgeschwindigkeiten und einigermaßen gutem Landefall völlig ungefährlich ist, kommt es hin und wieder zu Stauchungen, Zerrungen und Brüchen. Die Gründe dafür können u. a. schlechte Landefallhaltung, zu hohe Landegeschwindigkeit (Schirm nicht gegen den Wind gestellt), Landung in der Schirmdrehung oder ganz einfach mangelnde körperliche Fitness sein.

Zur Verdeutlichung der Unfallhäufigkeit seien hier die Zahlen von 1971 angeführt. Bei 48 699 Absprüngen in der BRD gab es 44 Zerrungen bzw. Stauchungen, 35 leichte Brüche und 15 schwere Brüche. Insgesamt ergibt dies eine Unfallquote von 0,2 %.

Eine weitere kritische Phase ist der Übergang vom automatischen zum manuellen Sprung. Je nach Veranlagung des Springers dauert es eine gewisse Zeit, bis er in der Lage ist, stabil zu fallen. Das Öffnen des Schirms in einer unstabilen Lage, etwa mit dem Rücken zum Boden, kann jedoch eine mehr oder weniger schwerwiegende Fehlöffnung zur Folge

haben. Normalerweise geht ein Fallschirm so sicher auf, wie Wasser bergab fließt. Muß er jedoch erst einen Umweg um den Körper des Springers machen, wenn dieser in Rückenlage öffnet, kann es auch zu Komplikationen kommen, insbesondere wenn der Körper zusätzlich noch dreht oder sich gerade überschlägt. Diese unstabile Lage ist die Ursache mehrerer tödlicher Unfälle. Es gibt auch Fälle, daß der Springer den Aufziehgriff überhaupt nicht betätigt. Warum er es nicht tut, weiß kein Mensch, Vermutungen darüber sind meist sehr vage. Schließlich liegt eine weitere große Gefahr in dem Zusammenstoß zweier Springer in der Luft, insbesondere bei der Relativ-Arbeit, wenn z. B. ein Springer gerade seinen Schirm geöffnet hat und der zweite sich noch im Freifall befindet.

Insgesamt hat es im Fallschirmsport in der BRD von 1955 bis 1974 bei insgesamt knapp 350 000 Absprüngen 27 tödliche Unfälle gegeben. Diese Zahl enthält auch die Unfälle von Deutschen im Ausland (2) und von Ausländern in der BRD (4).

Sie verteilen sich auf folgende Ursachen:
Nicht gezogen: 4, zu tief gezogen: 5, in unstabiler Lage gezogen: 5, ertrunken: 3, nicht erforderlicher Abwurf der Hauptkappe, keine oder mißglückte Reserveöffnung: 3, Zusammenstoß im Freifall: 2, Packfehler: 2, Versagen des Fallschirms: 2, tödliche Verletzung bei der Landung: 1.

Nur zweimal versagte also bei 350 000 Absprüngen der Fallschirm. Beide Fälle sind noch nicht genau geklärt. Fest steht nur in einem Fall, daß der Schirm nicht zugelassen war.

Angesichts dieser Zahlen verwundert es nicht, wenn inzwischen auch durch höchstrichterliche Urteile bestätigt wurde, daß der Fallschirmsport nicht als gefährlicher Sport zu bewerten ist.

13. Fachausdrücke

Absetzen	— Das Luftfahrzeug an einen bestimmten Punkt nach Höhe und Richtung dirigieren, an dem man es verlassen will (Absetzpunkt).
Anflug	— Einschwenken des Absetzflugzeugs auf die Windachse in Absetzhöhe.
Aufziehgriff und -kabel	— Stahlgriff und -kabel, dessen Betätigung die Öffnung eines manuellen Fallschirms freigibt.
Aufziehleine	— Im Luftfahrzeug befestigte Leine, die die Öffnung eines automatischen Fallschirms bewirkt.
Automatischer Fallschirm	— Fallschirm, dessen Öffnung automatisch durch die Aufziehleine geschieht.
Bananenlage	— Freifallhaltung: Gestreckter Körper, Hohlkreuz, Beine geschlossen, Arme über der Brust verschränkt.
Basis	— a) Rand der Fallschirmkappe — b) Der oder die ersten Springer bei einer Relativ-Formation.
Bremsen	— Verringerung des Eigenvortriebs des Fallschirms. Verringerung der Vertikal und/oder Horizontalgeschwindigkeit beim Relativ.
Brötchen	— Fehlöffnung: Eine oder mehrere Fangleinen liegen über der Fallschirmkappe.
Canadian T	— Relativ-Formation (WM)
Diamant	— Relativ=Formation (WM)
Fahne	— Fehlöffnung: Basis bleibt geschlossen, Kappe füllt sich nicht.
Fangleinen	— Leinen, die die Kappe mit dem Gurtzeug verbinden.
Freifall	— Fall mit geschlossenem Fallschirm, ohne Verbindung zum Flugzeug.
Flachtrudeln	— Unkontrollierte, schnelle und flache Drehungen.
Flash	— Körperhaltung zum Gewinnen horizontaler Strecken im Freifall.
Froschlage	— Freifallhaltung
Gurtzeug	— Konstruktion aus verschiedenen Gurten, zum Halten des Springerkörpers unter dem Schirm.
Linie	— Relativ-Formation
Lay out	— Vorstrecken der Füße und Beine nach der Zielscheibe kurz vor der Bodenberührung, bei der Gefahr einer zu kurzen Landung.
Manueller Fallschirm	— Fallschirm, der vom Springer durch Betätigung des Aufziehgriffs geöffnet wird.
Murphy-Stern	— Relativ-Formation (WM)
Öffnungsautomatik	— Gerät zur Sicherheit, das aufgrund einer Höhen- oder Zeiteinstellung den manuellen Fallschirm öffnet, wenn der Springer es nicht tut.
Öffnungshöhe	— Höhe, in der ein manueller Fallschirm geöffnet wird (ca. 800 m).
Raupe	— Relativ-Formation (WM)
Relativ-Arbeit	— Zusammenarbeit zweier oder mehrerer Spinger während des Freifalls.
Reserve-Gerät	— Zweitfallschirm, der in der Regel vor dem Bauch mitgeführt wird.
Rolle	— 360° Drehung um die Körperlängsachse im Freifall.
Schneeflocke	— Relativ-Formation (WM)
Slippen	— Steuern eines unmodifizierten Rundkappenfallschirms durch Herunterziehen eines oder mehrerer Haupttragegurte.
Stall	— Strömungsabriß an der Fallschirmkappe, die dadurch unstabil wird.
Stern	— Relativ-Formation von drei oder mehr Springern.
Steuerleinen	— Leinen, mit der die Geometrie der Steuerschlitze verändert werden kann und die so das Steuern des Fallschirms durch die Springer ermöglichen.
Stilspringen	— Wettbewerbsdisziplin. Ein Stilprogramm setzt sich aus 360°-Drehungen und Salti zusammen.
Sturz	— Senkrechter Freifall mit dem Kopf nach unten und am Körper angelegten Armen.
T-Lage	— Freifall-Haltung mit geschlossenen Beinen.
Telemeter	— Starkes Fernglas zur Beobachtung von Stil- und Relativspringern.
Verzögerungszeit	— Freifallzeit
Windachse	— Windrichtung
Winddrifter	— Unten beschwerter Kreppapierstreifen zur Feststellung der Windrichtung und -stärke.
X-Lage	— Freifall-Haltung mit schräg seitlich ausgestreckten Armen und Beinen.
Y	— Relativ-Formation (WM)

14. Fallschirmsportmöglichkeiten in Europa

BUNDESREPUBLIK DEUTSCHLAND

Allgemeine Information durch:
Deutscher Aero Club e.V., 6 Frankfurt 71, Lyoner Str. 16.

Baden-Württemberg

Referent: Erhard L. Thoma, 7031 Gärtringen, Schönbuch-str. 13, Tel.: 0 70 34 — 25 89

1 Luftsportverein Bauland e.V., Abt. Fallschirmsport, zu Hdn. Peter Limberger, 6969 Höpfingen, Kirchenstr. 21 A, Tel.: 0 62 83 — 81 50
Sprungplatz: Unterschüpf

2 Fallschirmsportspringerclub 1. LL Div. e.V. Standort Bruchsal, 7520 Bruchsal, Postfach 560, Tel.: 0 72 51 — 41 51
Sprungplatz: Bruchsal

3 Fallschirmsportspringerclub 1. LL Div. e.V., Standort Calw, 7260 Calw, Graf Zeppelin-Kaserne, Tel.: 0 70 51 — 7 11
Sprungplätze: Bruchsal, Schwenningen

4 Fallschirmsportclub 69 Ebingen e.V., zu Hdn. Gerhard Breichler, 7470 Ebingen, Bahnhofstr. 10, Tel.: 0 74 31 — 5 10 22 oder 33 53
Sprungplatz: Heuberg

5 Breisgauverein für Fallschirmsport e.V. Freiburg, 7800 Freiburg i. Brsg., Postfach 534, Tel.: 07 61 — 5 28 78
Sprungplätze: Freiburg, Bremgarten

6 Para Club Heuberg e.V. zu Hdn. Fritz Lehmann, 7488 Stetten a.k.M., Guldenbergstr. 21, Tel.: 0 75 73 — 21 37
Sprungplatz: Heuberg, Tel.: 0 75 73 — 7 69

7 Fliegergruppe Leutkirch e.V., Abt. Fallschirmsport zu Hdn. Max Krattenmacher, 7964 Kißlegg, Grüntenweg 3, Tel.: 0 75 63 — 85 10

8 Para Club 72 Linzgau e.V., zu Hdn. Wolfgang Lutz, 7772 Uhldingen-Mühlhofen 2, Bergstr. 14
Sprungplätze: Heuberg, Pfullendorf

9 Flugsportgemeinschaft Letzenberg e.V., 6906 Malsch, zu Hdn. Otto Schäfer, 7521 Odenheim, Hauptstr. 131, Tel.: 0 72 59 — 2 77
Sprungplatz: Straßburg (Elsaß)

10 Badisch-Pfälzischer Luftfahrtverein Mannheim e.V., Abt. Fallschirmsport, zu Hdn. Helmut Berger, 6800 Mannheim 61, Kloppenheimer Str. 12, Tel.: 06 21 — 47 15 85
Sprungplatz: Herrenteich

11 Fallschirmsportgruppe 900, 7201 Neuhausen ob Eck, Heeresflugplatz, zu Hdn. H. G. Stritzel, 7201 Neuhausen ob Eck 1, Tanningerstr. 11, Tel.: 0 74 67 — 3 11 App. 450 (dienstlich)
Sprungplätze: Pfullendorf, Neuhausen ob Eck

12 Fallschirmsportclub Jumping Generation Pfullendorf e.V., 7799 Aach-Linz, Brehmerberg 49, Tel.: 0 75 52 — 63 13 od. 07 51 — 4 45 14
Sprungplätze: Pfullendorf, Heuberg

13 Para Club Hall e.V., zu Hdn. Peter M. Weller, 7170 Schwäb.-Hall, Hinter der Post 9, Tel.: 07 91 — 66 86
Sprungplatz: Schwäb.-Hall

14 Sportspringergruppe Schwenningen e.V., zu Hdn. Walter Schlenker, 7220 VS-Schwenningen, Bürkstr. 59, Hotel Ochsen, Tel.: 0 77 20 — 3 40 44
Sprungplatz: Schwenningen

15 1. Aero Club Stuttgart e.V., Fallschirmsportgruppe, 7000 Stuttgart-Vaihingen, Heßbrühlstr. 36, Tel.: 07 11 — 73 88 52, 1. Vorsitz. Eckhard Kommer, 7 Stgt-Vaihingen, Höhenrandstr. 86 A, Tel.: 07 11 — 73 72 79
Sprungplatz: Bruchsal

16 Aero Club Walldorf e.V., Abt. Fallschirmsport, zu Hdn. Wilhelm Winnes, 6909 Walldorf, Lessingstr. 15, Tel.: 0 62 27 — 15 77
Sprungplatz: Walldorf

17 Fallschirmsportclub Weingarten e.V., zu Hdn. Eric Brandecker, 7987 Weingarten, Läglerstr. 48, Fernspähkomp. 200, Tel.: 07 51 — 4 40 33 / 2
Sprungplätze: Pfullendorf, Heuberg

Bayern

Referent: Helmut Rucker, 8000 München 82, Drosselweg 23,
  Merlinweg 7, Tel.: o 89 — 4 20 32 52 priv. 46 47 19

18 Fallschirmsportclub Schwaben e.V. Augsburg, zu Hdn.
   Roland W. Dietz, 8901 Leitershofen, Welserstr. 1, Tel.:
   08 21 — 52 61 49
   Sprungplatz: Illertissen

19 Luftsportverein Kaufbeuren e.V., Fallschirmsportgruppe,
   zu Hdn. Heinz Fischer, 8951 Rudertshofen Nr. 63, Tel.:
   o 83 43 — 4 24
   Sprungplatz: Kaufbeuren

20 Fallschirmsportclub München e.V., zu Hdn. Dr. Ing.
   Jakob Hoiß, 8000 München 2, Pfänderstr. 6, Tel.: o 89 —
   8 11 82 60
   Sprungplätze: Mühldorf-Mößling, Warngau

21 Fallschirm-Ausbildungsverein Bayern e.V., zu Hdn. Herbert Gillmann, 8000 München 80, Lisztstr. 23, Tel.:
   o 89 — 47 87 75
   Sprungplätze: Dingolfing, Arnbruck, Deggendorf

22 Fliegerclub Nürnberg e.V. Fallschirmsportgruppe, 8500
   Nürnberg, Flughafen-Clubheim, Gruppenleiter Lorenz
   Schuhmann, 8500 Nürnberg, Nordring 180
   Sprungplätze: Herzogenaurach, Hetzleser Berg

23 Fallschirmsportring Süd LL-Lts e.V., 8920 Schongau,
   Postfach 32, 1. Vorsitz. Helmut Schlecht, Tel.: o 88 61 —
   45 96
   Sprungplatz: Altenstadt

24 Aero Club Schweinfurt e.V. Abt. Fallschirmsport, zu
   Hdn. Gotthold Hennig, 8720 Schweinfurt, Walter-Flex-
   Str. 2, Tel.: o 97 21 — 8 58 75
   Sprungplätze: Haßfurt, Schweinfurt, Gelnhausen

25 Fallschirmsportclub Schweinfurt e.V., zu Hdn. Herbert
   Burkhardt, 8720 Schweinfurt, Bauerngasse 8, Tel.:
   o 97 21 — 2 56 68
   Sprungplatz: Haßfurt

25 a Königlich Bayrischer Fallschirmspringer Verein e.V.,
   8164 Mühlstatt 95 a, Tel.: o 80 25 — 80 46 / 15 26 (noch
   kein Mitglied im LV)

Berlin

Referent: Joachim Laudam, 1000 Berlin 19, Haeselerstr. 27,
  Tel.: o 30 — 3 02 68 22

26 Para Flug Berlin e.V., zu Hdn. Odin Schwarz, 1000 Berlin
   41, Walsroder Str. 14, Tel.: o 30 — 7 95 35 60
   Sprungplatz: Hartenholm

27 Fallschirmsportclub Berlin e.V., 1000 Berlin, Fercher-
   Str. 4, Tel.: o 30 — 8 01 29 34, 1. Vorsitz. Christian
   Schimpf, 1000 Berlin 19, Dernburgstr. 59, Tel.: o 30 —
   3 07 61 17
   Sprungplatz: Bad Gandersheim

28 Verein für Flugausbildung e.V., zu Hdn. Reinhard Kra-
   mer, 1000 Berlin 22, Weinholdweg 1 a, Tel.: o 30 —
   3 53 22 27
   Sprungplatz: Kassel-Calden

Bremen

Referent: Bernd Schließke, 2852 Bederkesa, Wasserwerk,
  Tel.: o 47 45 — 5 56

29 Fallschirmsport-Springergruppe Bremerhaven e.V.,
   285 Bremerhaven, Vieländerweg 12, zu Hdn. Heino
   Niehaus, Tel.: 04 71 — 7 24 29
   Sprungplatz: Karlshöfen

30 Bremer Verein für Luftfahrt e.V., Fallschirmsportgruppe,
   2800 Bremen 14, Flughafen, zu Hdn. Hans Poppe,
   2800 Bremen, Wiedstr. 12, Tel.: 04 21 — 39 48 06
   Sprungplatz: Hüttenbusch

Hamburg

Referent: Günter Tobias, 2000 Hamburg 54, Oddernskamp
  23, Tel.: o 40 — 56 64 44

31 Fallschirmsportclub Hamburg e.V., zu Hdn. Rolf Schütze,
   2100 Hamburg 90, Soltauer Ring 8, Tel.: o 40 —
   7 63 66 67
   Sprungplatz: Hartenholm

Hessen

Referent: Lothar Rützel, 6368 Bad Vilbel-Heilsberg, Samlandweg 26, Tel.: 0 61 93 — 8 42 49

32 Aero Club Gelnhausen e.V., 6460 Gelnhausen, Flugplatz, Tel.: 0 60 51 — 33 28
Sprungplatz: Gelnhausen

33 Fallschirmsportgruppe Fernspähkompanie 300 e.V., 6349 Herbornselbach, Hohe Str. 730, Tel.: 0 27 72 — 20 24 — 6 App. 240 od. 254 (dienstl.), 1. Vorsitz. Horst Kraus, 6349 Herbornselbach, Buchenstr. 6
Sprungplätze: Ailertchen, Breitscheid

34 Fallschirmsportgruppe Hessen Nord e.V., 3500 Kassel, Postfach 216, 1. Vorsitz. Rainhard Weinert, 3501 Baunatal 1, Birkenallee 49, Tel.: 05 61 — 9 39 88
Sprungplatz: Kassel-Calden

Niedersachsen

Referent: Ernst Gehlhaus, 33 Braunschweig, Köslinstr. 50 Tel.: 05 31 — 6 45 76

35 Aero Club Braunschweig e.V., Fallschirmgruppe, 3300 Braunschweig, Eichhahnweg 30, Tel.: 05 31 — 37 25 01 (zu Hdn. Siegfried Starke)
Sprungplatz: Braunschweig

36 Fallschirmsportclub 100 e.V., 3300 Braunschweig, Tannenberg-Kaserne
Sprungplätze: Braunschweig, Wesendorf

37 Universitätssportclub Abt. Fallschirmsport, zu Hdn. Herrn Tantau, 3300 Braunschweig, Bienroder Weg 54/1805
Sprungplatz: Braunschweig

38 Flugsportgruppe in der DFVLR e.V. Abt. Fallschirmsport, zu Hdn. Peter Hoenen, 3300 Braunschweig, Im Gettelhagen 158, Tel.: 05 31 — 35 06 26
Sprungplatz: Braunschweig

39 Luftfahrtverein Celle e.V., Fallschirmsportgruppe, zu Hdn. Christian Liedloff, 3100 Celle, Welfenallee 17
Sprungplatz: Celle — Arloh

40 Aero Club Hodenhagen e.V. Abt. Fallschirmsport, zu Hdn. Frau W. Breschke, 3000 Hannover-Herrenhausen, Altenauer Weg 7, Tel.: 05 11 — 79 50 15
Sprungplatz: Hodenhagen (Tel.: 0 51 64 — 7 66)

41 Fallschirmeinsatzgruppe Lüneburg e.V., zu Hdn. Otto Laun, 314 Lüneburg, Heinrich-Heine-Str. 44, Tel.: 0 41 31 — 4 19 41
Sprungplatz: Lüneburg

42 Luftfahrtverein Wildeshausen e.V., Fallschirmsportspringergruppe, 2878 Wildeshausen, Rosenweg 16a, Tel.: 0 44 31 — 32 65
Sprungplatz: Varrelbusch

Nordrhein-Westfalen

Referent: Hans Werner Ehlers, 405 Mönchengladbach, Niersbendenallee 36, Tel.: 0 21 61 — 66 44 05

43 Fallschirmsportclub Bielefeld e.V., 4790 Paderborn, Querweg 115, Tel.: 0 52 51 — 2 66 49
Sprungplätze: Paderborn-Haxter Berg, Werdohl-Küntrop, Bad Lippspringe

44 Fallschirmsportclub Nordrhein Westfalen e.V. Bonn, zu Hdn. Dietrich Große-Braukmann, 5300 Bonn, Zeppelinstr. 29, Tel.: 0 22 21 — 22 65 38
Sprungplatz: Eudenbach

45 Verein für Fallschirmsport e.V., Dortmund, zu Hdn. Hans Martin Zimmermann, 4750 Unna, Südring 9, Tel.: 0 23 03 — 8 25 80
Sprungplatz: Holzwickede-Hengsen

46 Fallschirmspringerclub Erftland e.V., zu Hdn. Horst Krumm, 5159 Kerpen, Waldstr. 9, Tel.: 0 22 37 — 45 35
Sprungplatz: Werdohl-Küntrop

47 Fallschirmjäger-Kameradschaft Herten e.V., 4352 Herten, Chemnitzer Str. 6, Tel.: 0 23 66 — 3 79 78 (kein Ausbildungsbetrieb)

48 Fallschirmsportclub 271 Iserlohn e.V., zu Hdn. Wolfgang Spitzenberger, 5860 Iserlohn, Schulstr. 42
Sprungplätze: Bad Lippspringe, Werdohl-Küntrop

49 Kölner Klub für Luftsport e.V. Fallschirmsportspringergruppe, 5000 Köln 1, Am Rinkenpfuhl 57 (kein Ausbildungsbetrieb)
50 Fallschirmsportclub Lipperland LLBrig 27 e.V., zu Hdn. Werner Glose, 4781 Lippstadt-Lipperbruch, Lipperland-Kaserne, Tel.: 0 29 41 — 83 61 App. 303 od. 328
Sprungplätze: Bad Lippspringe, Werdohl-Küntrop, Soest, im Lohner Klei
51 Fallschirmsportclub Münster e.V., zu Hdn. Peter-Jürgen Arndt, 4400 Münster, Martin-Luther-Str. 5, Tel.: 02 51 — 2 28 78
Sprungplatz: Werdohl-Küntrop
52 Fallschirmclub Remscheid e.V., zu Hdn. Klaus Mathies, 563 Remscheid-Lennep, Am Stadtwald 56, Tel.: 0 21 23 — 6 45 49
Sprungplätze: Eudenbach, Klausheide, Werdohl-Küntrop
53 Luftsportverein Werdohl e.V., Abt. Fallschirmsport, 598 Werdohl, Postfach 143, Tel.: 02 01 — 23 11 15
Sprungplatz: Werdohl-Küntrop
54 Fallschirmclub Wuppertal e.V., 5600 Wuppertal 2, Hekkinghauser Str. 73a (neu, noch keine Ausbildung)

Rheinland-Pfalz

Referent: Herbert Dressler, 5442 Mendig, Drosselweg 10, Tel.: 0 26 52 — 14 54
55 Fallschirmsportgruppe Daun-Eifel e.V., zu Hdn. Rainer Halamek, 5568 Daun-Eifel, Bahnhofstr. 2, Postf. 1122, Tel.: 0 65 92 — 32 73
Sprungplatz: Wershofen
56 Fallschirmsportgruppe Rheinland Pfalz e.V. Koblenz, zu Hdn. Herbert Dressler, 5442 Mendig, Drosselweg 10, Tel.: 0 26 52 — 14 54
Sprungplätze: Ailertchen, Breitscheid, Wershofen, Heisterberger Weiher
57 Fallschirmsportgruppe Heeresflugplatz Mendig e.V., zu Hdn. Herbert Dressler, 5442 Mendig, Flugplatz, Tel.: 0 26 52 — 2 21 — 4 App. 388 (d)
Sprungplatz: Mendig

58 Fallschirmsportgruppe Südpfalz e.V., 6741 Minfeld, Hauptstr. 28
Sprungplatz: Schweikhofen
59 Flugsportverein Neustadt/W. e.V., Abt. Fallschirmsport, 6730 Neustadt (Weinstr.), v. Wissmannstr. 7, Abteilungsleiter Manfred Zobler, 6500 Mainz, Geschwister-Scholl-Str. 3 (Verband der Reservisten der Bundeswehr), Tel.: 0 61 31 — 5 12 43
Sprungplatz: Laachen-Speyerdorf

Saar

Referent: Reinhold Stach, 6634 Wallerfangen 3, Schloßstr. 3, Tel.: 0 68 37 — 10 17
60 Fallschirmsportverband Saar e.V., 6600 Saarbrücken, Saaruferstr. 16, Tel.: 06 81 — 5 70 55
Sprungplätze: Düren, Hüttersdorf

Schleswig-Holstein

Referent: Rüdiger Heym, 2300 Kiel 14, Poppenrade 49, Tel.: 04 31 — 72 12 85
61 Luftsportverein Kiel e.V., Fallschirmsportspringergruppe, 2300 Kiel-Holtenau, Flugplatz, Halle 1
Sprungplatz: Kiel-Holtenau
62 Reservistenluftsportgruppe Schleswig-Holstein e.V., zu Hdn. Dr. Friedrich Nottbohm, 2300 Kiel-Hassee, Gärtnerstr. 66, Tel.: 04 31 — 68 33 31
Sprungplätze: Kiel-Holtenau, Hungriger Wolf

ÖSTERREICH

Allgemeine Informationen durch:
Österreichischer Aero Club, 1040 Wien, Prinz-Eugen-Str. 12.

Burgenland

Union Sportfliegerclub Eisenstadt, Sektion Fallschirmspringen, Bergstraße 18, 7000 Eisenstadt oder
z. Hd. Josef Leitner, Militärflugplatz, 2700 Wiener Neustadt

1. Kärnter Fallschirmspringerclub, 9020 Klagenfurt, Josef-Ressel-Straße 30.

Oberösterreich

1. Oberösterreichischer Fallschirm-Sportspringer-Verein, 4020 Linz, Neue Heimat, Haidgattern 13.
Union Fallschirmspringerclub Linz, 4021 Linz, Postfach 554.
Union Sportfliegerclub Schärding, Sektion Fallschirmspringen, 4780 Schärding, Passauer Straße 400.
Sportfliegerclub „Weiße Möwe" Wels, 4601 Wels, Postfach 66.

Niederösterreich

Flugring Austria, 2700 Wiener Neustadt, Pottendorfer Straße 4.
Para-Club Wiener Neustadt, Flugplatz West, A 2700 Wiener Neustadt, Gürtelstr. 5.

Salzburg

Salzburger Fallschirmspringerclub, A-5061 Elsbethen, Paß Luegstraße 31.

Steiermark

1. Österreichischer Fallschirmspringerclub Graz, A 8011 Graz, Postfach 27, Flughafen Graz-Thalerhof.

Tirol

Innsbrucker Fallschirmspringer-Club, c/o Rosmarie Husndder, Bäckerbühelgasse 5, A-6020 Inns
Fallschirmspringerclub „Ikarus" Tyrol, 6330 Kufstein, Stimmerfeldstraße 10.

Vorarlberg

Vorarlberger Fallschirmspringerclub „Silvretta", 6845 Hohenems, Flugplatz.

Wien

Niederösterreichischer Fallschirmspringerclub, z. Hd. Peter Drechsler, 1224 Wien-Aspern, Flughafen Aspern

SCHWEIZ

Allgemeine Information durch:

Aero-Club der Schweiz, Zentralsekretariat, Lidostr. 5, CH-6006 Luzern 15, Tel. (0 41) 31 21 21
Para-Sport-Club, Sekretariat, Höglerstraße 39, 8600 Dübendorf, Tel. (01) 85 06 72 (Sprungbetrieb: Triengen).
Squadra Paracadutistica Ticinese, Hans Bachofen, Brüttenerstraße 19, 8303 Oberwil, Tel. (01) 810 49 48 (Sprungbetrieb: beim Para-Centro Locarno in Locarno-Magadino).
Phantom-Para-Club, Remo Bertolucci, Rue des Malterres 94, 2603 Péry (Sprungbetrieb: Biel-Kappelen).
Para-Club du Valais, Gérald Kummer, Case postale 401, 1951 Sion, Tel. (027) 2 24 80 (Sprungbetrieb: Sion).
Para-Club Beromünster, Ernst Dürig, Aescherzelgweg 5, 5610 Wohlen (Sprungbetrieb: Beromünster).
Swissair Sky Divers, c/o Swissair OEE, Postfach, 8050 Zürich-Flughafen.
Para-Club Bern, Hugo Schönholzer, Station, 3815 Zweilütschinen.
Para-Club Grenchen, Jean-Pierre Desgrandchamps, Junkholz, 2545 Altreu, Tel. (065) 6 86 38 / 8 87 74.
Para-Club Romand, M. Freudiger, Route de Thonon 19, 1222 La Belotte (Sprungbetrieb: Ecuvillens). (Der Para-Club Romand besteht aus dem Para-Club de Fribourg, dem Para-Club de Genève, dem Para-Club de Lausanne, dem Para-Club Neuchâtelois und dem Para-Club de Payerne.)
Para-Centro SA, Aéroporto Cantonale, 6596 Gordola (Professionelle Fallschirmsprungschule, ganzjährig geöffnet, s. auch Anzeige auf S. 82).

ENGLAND

British Parachute Association LTD, Artillery Mansions, 75 Victoria Street, London SW 3.

Peterborough Parachute Centre, Sibson Airfield, Peterborough. W. J. Meacock, (at club address), Sibson Airfield.

Thames Valley Airsports Club, Compton Abbas Airfield, Nr. Shaftesbury, Dorset. M. de Cartier, The Cottage, Parhams Hill, Ludwell, Shaftesbury, Dorset.

The Sport Parachute Centre, Grindale Field, Bridlington, Yorkshire. R. O'Brien, (at club address).

FRANKREICH

Fédération Française de Parachutisme 35, rue Saint-Georges F-75 Paris (9E)

Centre de Parachutisme, Aérodrome, F-81. Gaillac.

Centre de Parachutisme, B. P. 7, F-77. La Ferté-Gaucher, Tel. 4 04 − 01 − 73

Centre de Parachutisme, Aérodrome, F-03. Moulins.

Centre de Parachutisme, Aérodrome, de Roumanières F-24 100. Bergerac, Tel. 57 15 24

Centre Ecole de Parachutisme, B.P. 292, F-71 107. Chalon-sur-Saône.

Centre de Parachutisme, 4. rue du Vieux-Temple, F-38. Grenoble

Centre Ecole de Parachutisme «Alsace», Aérodrome du Polygone, F-67 100. Strasbourg-Neudorf.

Centre Ecole de Parachutisme, B.P. 143, F-58 006, Nevers, Tel. 57 23 44

NIEDERLANDE

Eerste Nederlandse Parachutisten Club, Breda, Grote Markt 39, (Sprungplatz: Oudenbosch)

Cadetten Parachutisten Vereniging, Breda, Kasteelplein 10 (Sprungplatz: Oudenbosch)

Skydiving Club „Flying Dutchmen", Rotterdam, Meent 75e (Sprungplatz: Pijnacker)

Paraclub Icarus, Loosdrecht, Postbus 76 (Sprungplatz: Hilversum, Leusderheide, Maartensdijk)

Paraclub Mobiele Colonnes, Breukelen, Julianastr. 11, (Sprungplatz: Hilversum, Leusderheide, Bunschoten)

Vereniging Paracentrum „Teuge", Harderwijk, Stationslaan 83 (Sprungplatz: Teuge)

Paraclub „Tu-Zeven", Seedorf (BRD), Legerpl. Sportbureau (Sprungplatz: Seedorf)

Paracentrum Noord, Assen, Postbus 260 (Sprungplatz: Hoogeveen)

Afcent Parachute Club, Heerlen, P. Schunckstr. 778 (Sprungplatz: Geilenkirchen [BRD])

Flevo Para AFD., Eefde, Oostwiek 2, (Sprungplatz: Lelystad)

Paracentrum Texel-Spa
Vliegfeld
Texel

DDR

SC Dynamo Berlin-Hoppegarten
GST Berlin
GST Karl-Marx-Stadt
TZ Karl-Marx-Stadt
FSC Halle-Oppin
GST Görlitz
GST Magdeburg
GST Dresden
GST Gera-Leumnitz
GST Leipzig-Mockau
GST Jena-Schöngleina
GST Cottbus-Neuhausen

15. Literaturverzeichnis

Zeitschriften

1. australian SKYDIVER, P.O. Box 9, KENSINGTON PARK South Australia 5068
2. CANADIAN PARACHUTIST, P.O. Box 848, BURLINGTON, Ontario, Canada
3. FREE FALL KIWI, Ray Mankelow, 4 Ngaio Road, TITIRANGI, Auckland 7, New Zealand
4. LES HOMMES VOLANTS, 28, Rue Navarin, F — 75009 Paris
5. PARACHUTIST, P.O. Box 109, MONTEREY, California 93940, USA
6. skydiver, 903 Picaacho Drive, LA HABRA, California 93940, USA
7. RW underground, Pat & Jan Works, 1656 Beechwood Av., FULLERTON, California 92635, USA
8. SPORT PARACHUTIST, Charles Shea-Simonds, 60 Easterly Crescent, LEEDS, LS8 2 SG, England
9. SPORTPARACHUTIST, Karst Sikkens, St. Martinuslaan 124, VOORBURG, Netherland
10. SPORTSPRINGER, 6083 Walldorf, Havelstr. 4, Germany
11. SVENSK FALLSKÄRMSPORT, Kämnärsvägen 9L 227 S — 222 46 LUND, Sweden
12. The Spotter, 109 Park Street, DORCHESTER, Mass. 02122, USA
13. Truth News Trends, Division of PI, P.O. Box 400, ORANGE, Mass. 01364, USA

Bücher

[1] v. Falkenberg, Gustav; Der Fallschirm, Bibliothek für Luftschiffahrt und Flugtechnik, Band 8, Carl Schmidt Verlag, Berlin 1912
[2] Brown, W. D.; Parachutes, Sir Issaac Pitman & Sons LTD, London 1951
[3] Lukin, A. M.; Der Fallschirmsport, Gesellschaft für Sport und Technik, Halle/Saale 1954 (Dtsche. Übersetzung der russ. Orig. Ausgabe)
[4] Polosuchin, P. P.; Sportler zwischen Himmel und Erde, Verlag Sport und Technik, Berlin 1955
[5] Allemand, André; Parachutiste d'essais, Librairie Hachette 1957
[6] Antonow, P.; Sportsprünge mit dem Fallschirm, Verlag Sport und Technik, Berlin 1959 (Dtsche. Übersetzung der russ. Orig. Ausgabe)
[7] Kittinger jr., Joseph W.; The long, lonely leap, E. P. Dutton & Co., New York 1961
[8] Gericke, Walter; Das Fallschirmspringen, Ein Lehr- und Handbuch, Tilia KG Wiesbaden 1962
[9] Greenwood, Jim; Parachuting for Sport, Sports Car Press, New York 1962
[10] Para-Commander, Owner's Manual, Pioneer Parachute Company, Orange USA 1964
[11] Dr. Bonnet, Rudolf; Käthchen Paulus, Eigenverlag, Frankfurt 1965
[12] Gregory, Howard; The Falcon's Disciples, Pageant Press Inc. New York 1967
[13] Gunby, R. A., Sport Parachuting, Jeppesen, Denver 1969
[14] Prik, Michel; Initiation au Parachutisme Sportif, Edition Bornemann, Paris 1967
[15] Halacy, Dan; Höhe 3 000! Wir springen! Rosenheimer Verlagshaus 1971
[16] Scherer, Alois; Fallschirmsportspringer müssen, sollen, dürfen wissen, Eigenverlag Calw 1971
[17] Florit, Gérard, Dangreaux, Bernard; Sport Parachutiste, International Aéronautic, Paris 1971
[18] Shea-Simonds, Charles; Sport Parachuting, Adam & Charles Black, London 1971
[19] Sellick, Bud; Parachutes and Parachuting, United States, Parachute Association, Monterey, USA 1971
[20] Wenz, Reinhard; Fallschirmsportspringen, Dipl.-Arbeit am Staatl. Hochschulinst. für Leibeserziehung, Mainz 1972
[21] Poynter, Daniel F.; The Parachute Manual, Parachuting Publications, North Quincy 1972
[22] Lucas, John; The Big Umbrella, Elm Tree Books, Hamish Hamilton, 90 Great Russell Str. London WC 1 B 3 PT 1972
[23] Dr. Ragot, Michel; Le saut en parachute, Aspect psychosocio logique, Editions Masson & Cie, Paris 1972
[24] Kurowski, Franz; Ihr Stadion ist der Himmel, Pöppinghaus Verlag, Bochum 1972
[25] Code Sportif, Sektion 5 (Fallschirmsport) Int. Luftsportverband (FAI), Paris 1973
[26] Kurowski, Franz; Das Buch der Fallschirmspringer, W. Fischer Verlag, Göttingen 1973
[27] Gregory, Howard; Parachuting's Unforgettable Jumps, Pageant Press Inc. New York 1974
[28] Beckmann, Uwe; Gesetzessammlung für Fallschirmsport, DAeC-Wirtschaftsdienst GmbH, 6 Frankfurt/M., Lyoner Str. 16, 2. Auflage 1974
[29] Buch, Hartmut, Strüber, Dieter; Abenteuer Fallschirmspringen, transpress, VEB Verlag für Verkehrswesen, Berlin 1974
[30] Keech, Andrew C.; Skies Call, Andrew C. Keech, Washington 1974
[31] Ryan, Charles W.; Sport Parachuting, Henry Regnery Comp., Chicago 1975
[32] Works, Pat; The Art of Free Fall, Relativ Work, USA 1975
[33] Beckmann, Uwe; Fallschirmsport in Wort und Bild, S. Toeche=Mittler Verlag, Darmstadt, 3. Auflage 1976